KB216635

Kids Can Make Peace

어린이가 만드는 평화

엘리너 스나이더, 마리 앤 위버 편집

손성현 박진혁 신유식 정다희 옮김

Original published in English under the title ;
Kids Can Make Peace
edited by Eleanor Snyder and Mary Ann Weber.
Published by MennoMedia, Scottdale, PA 15683 and Waterloo, ON N2L 6H7

이 책은 청파감리교회(김기석 목사)의 후원으로 제작했습니다.

어린이 대장장이 시리즈 – 01

어린이가 만드는 평화

편집한 이 엘리너 스나이더, 마리 앤 위버 Eleanor Snyder and Mary Ann Weber
옮긴이 손성현 박진혁 신유식 정다희
초판발행 2016년 5월 26일

펴낸이 배용하
책임편집 박민서
등록 제364-2008-000013호
펴낸곳 도서출판 대장간
www.daejanggan.org
등록한곳 대전광역시 동구 우암로 75-21 (삼성동)
편집부 전화 (042) 673-7424
영업부 전화 (042) 673-7424 전송 (042) 623-1424

분류 기독교교육 | 어린이 | 평화
ISBN 978-89-7071-381-6 (74230)
978-89-7071-380-9 (74230 세트)

값 9,000원

차 례

어린이 대장장이,
평화의 연장을 만들어내다

"어린이들에게 선한 의지를 주시고, 그들의 힘을 북돋워 주시고, 그들의 수고에 복을 내려 주시옵소서. 어린이들을 편한 길로 인도하지는 마옵소서. 그렇지만 아름다운 길로 인도하옵소서." 폴란드의 의사, 작가, 교육사상가인 야누쉬 코르착(Janusz Korczak, 1879-1942)의 기도문을 가만히 떠올리면서 번역 원고를 가만히 쥐어 본다. 그리고 이 책을 바탕으로 많은 어린이들이 자기 안의 "선한 의지"를 환히 밝히고, 그 의지를 실행할 "힘"을 단련하는 꿈을 꾼다. 이 책은 어린이들이 "아름다운 길"을 걸어갈 수 있도록 도와주는 실천적 매뉴얼(manual)을 담고 있다. 그저 생각하고 토론만 하는 것이 아니라 손(manus)을 움직여 구체적인 변화를 이끌어내기 위함이다. **『어린이가 만드는 평화』는 어린이가 교사들의 도움을 받아, 그러나 주체적으로 자신의 오감을 활용하여 평화 실천의 기술(the art of peacemaking)을 구체화할 수 있도록 안내하는 책**이다. 기대가 된다. 가슴이 뛴다.

이 책은 칼과 창 같은 무기가 쟁기와 낫 같은 농기구로 바뀌는 평화의 비전(이사야 2:4)과 잇대어 있다. 고센 대학(Goshen College)의 역사학 교수이자 탁월한 교육사상가인 존 로스(John D. Roth)는 자신의 저서 『맛보아 알지어다』(대장간, 2013: 원제는 '변혁하는 가르침Teaching that transforms')에서 기독교교육의 여섯 가지 목표를 제시했다. [1] 보고 이해하기(전체적인 안목을 갖고 세부 내용 들여다보기), [2] 만지기(실질적, 참여적, 구체적으로 접촉하기), [3] 맛보기(분별의 훈련), [4] 듣기(하나님과 다른 사람들에게 귀 기울이는 법 배우기), [5] 자기의 목소리 찾기(소명을 발견하기), [6] 냄새 맡기(보이지 않는 존재를 인식하기)가 그것이다. '평화' 라는 주제로 교육을 하려는가? 그 과정에서, 어린이들과 위의 여섯 가지 목표에 조금씩 다가서는 기쁨과 감동을 경험하기를 원하는가? 그렇다면 『어린이가 만드는 평화』야말로 가장 기초적이면서 상호적인 교육을 가능하게 해주는 안내서가 될 것이다. 이 책으로 어린이와 함께 평화의 기초를 배우면서 우리는 존 로스의 다음과 같은 목소리에 공감하게 되리라. "꿈꾸고 상상하지 않으면, 아무 일도 생기지 않는다."

우리가 어린이들과 함께 걸어갈 평화의 길이 결코 "편한 길"이 아니겠지만 정말 "아름다운 길"이 될 것이라고 확신한다. 그 확신을 시나브로 공유하고, 더 깊이 공부하려는 열정 속에서 이 책이 우리말로 번역되었다. 그러면서 동시에 몇몇 (기독교)교육 현장(창천교회, 은파교회) 속으로 이미 번역되었다. 실제로 이 책의 내용을 토대로 교육 프로그램을 짜고 실행에 옮겨 보았다는 말이다. 그 과정에서 우리의 확신은 더욱 선명해졌고 우리의 기쁨과 기대는 더욱 단단해졌다. 그 확신과 기쁨에 기꺼이 참여해 준 우리의 친구 서정아, 조나은, 우리의 영어선생님 정수원에게, 창천교회 무지개학교 교사들과 은파교회 유치부교사들에게 따뜻한 감사의 마음을 전하고 싶다.

벌써 망치소리가 들려온다. 어린이 대장장이들이 구슬땀 흘리며, 신나게 노래하며 평화를 만드는 소리가!

2016년 5월 5일

옮긴이 손성현, 박진혁, 신유식, 정다희

옮긴이소개

손성현은 한국외국어대학교 독일어과와 감리교신학대학교를 졸업한 뒤 동대학원에서 석사 학위를 받았다. 이후 독일로 유학하여 튀빙엔 대학교에서 신학박사 학위를 받았다. 현재는 감리교신학교에서 학생들을 가르치며 신촌에 있는 창천교회에서 청년부 담당 목사로 일하고 있다. 주요논문으로는 「사회적 • 감성적 학습(SEL) : 평화교육의 현장성 확보를 위한 모색」, 주요 번역서로는 에버하르트 부쉬의 『칼 바르트』, 프리드리히 슈바이처의 『어린이의 다섯 가지 중대한 질문』, 프란츠 알트의 『생태주의자 예수』, 페터 제발트의 『사랑하라, 하고 싶은 일을 하라』, 게르하르트 마르틴의 『몸으로 읽는 성서: 비블리오드라마』 등이 있다.

박진혁, 신유식, 정다희는 감리교신학대학교를 졸업하고 현재 동대학원에서 신학을 전공하고 있다. 이들은 감리교신학대학교, 비폭력평화물결, 한국 드라마치료&비블리오드라마 협회 등에서의 배움을 통해 기독교의 핵심 가치인 '평화'에 대한 깊은 관심을 가지게 되었다. 그 후 AVP(Alternative to Violence Project), HIPP(Help Increase The Peace Program) 등 퀘이커 전통에서 발현한 평화훈련모델과 RC(Restorative Circle), 서클타임(Circle Time) 등 다양한 서클-프로세스를 경험하고 연구하고 있다. 이를 토대로 BE.P라는 모임을 만들고 특별히 교회현장에서 기여할 역할을 모색하고 있다.

■ cover photo by **Abigail Keenan**

평화 여행, 출발

주제 이해하기

『어린이가 만드는 평화』는 '하나님의 평화실천가' 가 되는 배움의 장으로 여러분과 어린이들을 초대합니다. 어린이는 이 세상, 자기 자신, 하나님, 다른 사람들과 어떻게 평화롭게 살 수 있는지 배울 수 있습니다.
이 책의 각 과정들은 평화에 대한 이해의 근거가 되는 성경이야기를 하나씩 가지고 있습니다. 예수님은 우리의 모범입니다. 우리에게 어떻게 살아야할지를 보여주는 분이죠. 예수님은 우리가 '하나님의 평화실천가' 가 되는 여정에 동행하십니다. 복잡한 세상에서 우리가 마주하게 되는 선택들은 '평화실천가' 가 되는 데 좋은 훈련이 됩니다.

우리가 어떻게 지구의 천연자원들을 소중히 여기고 보호할 수 있을까? 주변의 많은 것들이 우리의 주의력을 흐트러뜨릴 때 우리는 어떻게 마음의 평안을 찾을 수 있을까? 어떻게 관계가 발전하는 방식으로 갈등을 풀어살 수 있을까?

당신과 어린이는 이 책에서 이러한 질문에 대한 답을 찾고 평화를 만드는 기술을 익히게 될 것입니다. 이 책의 처음 4번의 수업은 평화의 "큰 그림"에 집중할 것이고 다음 4번의 수업에서는 조금 더 구체적으로 "어떻게" 평화실천가가 될 수 있는지에 집중할 것입니다.

어린이들에 관하여

이 과정은 7세부터 10세 아이들을 주요 대상으로 합니다. 그러나 다른 연령대에도 적용할 수 있습니다. 이 연령대의 어린이는 어떤 모습인가요? 여러분이 부모 혹은 선생님이라면 어린이는 정말 각양각색임을 알아챌 수 있을 것입니다. 맞습니다. 모두가 특별합니다. 하나님의 창조성은 모든 어린이에게 새겨져 있습니다. 어린이들이 각각 특별한 존재라는 사실을 배워가면서, 우리는 다음과 같은 사실을 기억해야 합니다.

- 어린이는 다양한 방법을 통해서 배운다.
- 어린이는 경험하고 보고 발견하고 행동함으로 가장 잘 배운다.
- 모든 어린이는 읽는 능력이 서로 다르다.
- 어린이는 추상적인 사고능력이 만들어지기 시작한다.
- 어린이는 많이 움직이고 활동하는 것을 좋아한다.
- 어린이는 믿고 따를 수 있는 어른의 사랑과 관심에 반응한다.
- 친구를 사귀거나 누군가의 친구가 되는 것을 좋아하게 된다.

- 우정이 전부가 될 수 있다. 그래서 친한 친구를 사귀기도 한다.
- 공정함과 옳고 그름에 대한 감각이 생긴다.
- 말로 정확하게 표현은 못하지만 이미 하나님과의 관계를 맺고 있다.
- 질문하기 시작한다. 그래서 맘껏 질문할 수 있는 안전한 환경이 필요하다.
- 사랑과 존경과 배려를 받으면 잘 자란다.

교사(진행자)에 대한 이해

어린이의 신앙경험은 그들을 지도해주는 교사(진행자) 때문에 기억할 만한 것이 되곤 한다. 어린이와 함께 지내는 교사(진행자)들의 모습은 다음과 같다.

- 교사(진행자)는 하나님의 사랑과 용서와 모든 이에 대한 관심의 모범이다.
- 교사(진행자)는 성숙한 학생이거나 어른으로서 항상 어른답게 행동해야 한다.
- 교사(진행자)는 자신을 아이들의 친구가 아니라 교사(진행자)라고 인식한다.
- 교사(진행자)는 아이들을 사랑한다.
- 교사(진행자)는 활기 넘치고 열정적이다.
- 교사(진행자)는 평화를 만드는 일에 열정적이다.
- 교사(진행자)는 훌륭한 갈등조정 능력이 있다.
- 교사(진행자)는 어린이들이 항상 안전하게 배려하고 필요한 조치를 취한다.

교사(진행자)에게 요구되는 재능

- 음악적 재능: 노래를 고르고, 가르쳐 준다.
- 아이들과의 대화 능력 : 성경이야기를 들려두고, 성경 단막극이나 콩트를 아이들과 만들 수 있다. 신앙상담을 해줄 수 있다.
- 만들기 활동 능력: 아이들에게 제공된 공예활동들을 결정하고 재료를 모으는 것과 아이들과 함께 만드는 것을 할 수 있어야 한다. 아이들과 함께 만들기를 할 도우미를 찾거나 하나의 활동 이상을 계획하고 있다면 그룹으로 만들어야 한다.
- 아이들의 활동 지도능력 : 게임을 인솔하고 어떻게 그 게임에 참여할 수 있는지 알려줄 수 있어야 한다.
- 그룹의 리더: 어린이로 구성된 작은 그룹에서 주로 상호 인간관계를 세워주는 역할을 해줄 성인이나 성숙한 청소년이 필요하다.
- 말씀 암송 도우미(선택적): 기꺼이 아이들과 1대 1로 암송용 성구를 배우게 해줄 수 있는 성인이 필요하다.
- 기도친구 : 아이들과 짝을 이뤄서 서로를 위해서 기도를 해줄 수 있는 성인이 필요하다. 마지막 파티에 그 기도 친구를 초대해라.

교육과정 이해하기

교육과정

- 1~5학년 어린이들을 위한 프로그램이다.
- 다양한 연령대가 섞여 있거나 저학년과 고학년이 나뉘어 있어도 모두 사용할 수 있다.
- 유치원생, 중학생에게도 적용할 수 있다.
- 각 과정은 45~60분이 걸린다.
- 학생들을 모으고 노래하는 시간, 성경이야기, 토론, 만들기, 게임 등을 포함한다.
- 주제를 소개하는 첫 수업, 여덟 번의 평화 관련 주제 수업, 마지막 축하 이벤트(수료식) 총 10번의 수업으로 완료된다.
- 참고자료에는 여는 활동, 닫는 활동, 암송절, 암송 요령, 간식, 평화 관련 도서목록, 추가 활동, 평화실천 계획, 그리고 돌발 행동 관리 요령 등에 관한 정보가 담겨 있다.
- 수업 때마다 할 수 있는 만들기, 게임 방법들이 많이 담겨 있다.

수업시간표

활동 내용	시간
하나가 되어요 – Kids Cluster – 일찍 도착하기, 노래부르기, 되짚어보기를 위한 제안	5분
평화를 말해요 – Kids Talk Peace – 주제 소개, 성경이야기, 비춰보기, 대화거리	10분
몸으로 표현해요 – Kids Create and Kids Move – 활동, 만들기, 또는 게임에 대한 제안	20–35분
마무리 – Closing – 마무리 예식, 축복의 시간	5분, 조건부

수업자료

하나가 되어요

어린이들이 수업현장에 도착하는 시간은 조금씩 다를 것입니다. 조금 일찍 도착한 어린이가 오자마자 할 수 있는 여러가지 활동들을 미리 준비해 놓는다면 돌발 행동을 방지할 수 있습니다. 거의 대부분의 어린이가 왔거나 시간이 되었을 때 수업을 시작합니다.

일찍 도착한 어린이들을 위한 제안

1. 첫 번째 시간 : 개인이름표를 만듭니다.
2. 평화의 벽화: 어린이들이 평화에 관한 그림을 그리거나, 붙일 수 있는 벽면을 만듭니다.
3. 퍼즐 : 저학년 어린이는 아마 함께 퍼즐 맞추기를 좋아할 것입니다. 자연풍경 그림이 있는 퍼즐 하나를 준비해 두세요. 평화로운 분위기를 조성하려는 것입니다.
4. 평화에 관한 책 : 평화 관련 책들을 테이블에 준비해 둡니다. 일찍 온 아이들과 함께 읽고 이야기를 나눕니다.
5. 찰흙놀이, 블럭쌓기 : 평화를 떠올릴 수 있는 무언가를 만들어 봅니다.
6. 구절 암송 연습 : '말씀의 공' 을 사용하거나 14-16쪽에 나와 있는 창조적인 생각을 사용합니다.

공동체놀이

같은 학교, 같은 교회를 다녀도 서로 모를 수 있습니다. 그래서 친해질 수 있는 게임을 제안합니다.

1. 짝을 찾습니다. 1분정도 서로 이야기할 수 있는 짝을 지어줍니다. 어린이들은 전체 그룹에 자신의 짝을 소개하고 그/그녀에 대해 알게 된 한 가지를 소개합니다.
2. 각 어린이는 자기 이름을 말하게 됩니다. 그리고 자기 이름과 같은 첫글자로 시작하는 좋아하는 음식 하나를 말합니다. 예를 들어 "나는 우석이야, 나는 우유를 좋아해"라고 말입니다.
3. 줄 서기 놀이를 합니다. 어린이들은 나이, 태어난 달, 키 순서로 줄을 서보게 됩니다.
4. 하나님이 우리 서로를 어떻게 다르게 만드셨는지 돌아보며 축하합니다. 어린이들에게 두 개의 단어를 보여주고 자기가 좋아하는 특성 순서대로 서보도록 합니다. 그리고 이렇게 말합니다. "만일 첫 번째 단어를 좋아하면 오른쪽에 서세요. 좋아하는 단어가 두 번째라면, 왼쪽에 서세요". 각 단어를 잘 이해하려면 "나는 ~를 좋아해요" 식의 문장을 사용해도 좋습니다. 여기에 몇 가지 가능한 짝말이 있습니다 : 조용한/시끄러운, 이끌어가는/따라가는, 어지럽혀진/깔끔한, 고양이/강아지, 그리고 토끼/거북이
5. 다섯 가지 색깔의 스티커를 나누어 줍니다. 그게 아니면, 색깔있는 (초콜릿이나 포장된) 사탕을 어린이들에게

무작위로 나누어 줍니다. 각각의 색깔에 어린이들이 앞으로 공유할 어떤 주제들을 부여합니다. 예를 들어, 노란색 사탕은 좋아하는 학교 과목이나 게임일 수도 있고, 빨간색 사탕은 좋아하는 취미를 뜻합니다.

6. "문장완성하기" 카드 문장이 담긴 카드를 만듭니다. 어린이들은 카드를 선택하고 그 문장을 완성합니다. " 내가 좋아하는 색깔은 ...? ", "최고의 친구만이 해줄 수 있는 것은 ...?"
7. 조편성 놀이. 식물, 동물, 나라들, 색깔들과 같이 그룹을 대표하는 주제들을 쪽지위에 적습니다. 어린이들은 자신의 차례에 바구니에서 쪽지를 꺼내고 조를 만들 수 있는 항목들을 보게 됩니다.

마무리

이제 어린이들을 집, 학교, 그리고 가는 곳 어디에서든지 평화실천가의 삶을 살 수 있도록 격려하면서 일상생활로 돌려보냅니다. 어린이들은 알림쪽지, 만든 작품, 그밖의 것들을 가지고 돌아갑니다.

마무리를 위한 제안들

1. 큰 그룹으로 모입니다. 또는 마지막 활동의 끝 부분에 마무리 시간을 갖습니다.
2. 양손을 서로에게 펼치면서 "평화, 하나님의 평화가 당신에게 넘쳐나기를"라는 노래를 부릅니다.
3. 짧은 마무리 기도를 합니다.
4. 각 수업은 그 수업의 주제와 관련하여 적당한 보냄의 말, 축복의 말을 합니다.
5. 처음 네 번의 수업에서는 아래의 축복의 말을 사용합니다.
6. 각 수업을 위한 짧은 축복을 합니다.

1. 평화 속으로

(둥글게 서로의 얼굴을 볼 수 있도록 섭니다.)

"평화, 하나님의 평화가 당신의 삶에 넘쳐나기를" (양손을 서로에게 펼치며 노래합니다.)

2. 5-8장을 위한 민수기 6장 25-26절

(둥글게 서로의 얼굴을 볼 수 있도록 섭니다.)

주님께서 네게 복을 주시고(두손을 기도손으로)

너를 지키시기를 원하며(양팔로 몸을 감쌉니다.)

주님께서 그의 얼굴을 네게 비추사(손으로 얼굴을 받칩니다.)

은혜를 베푸시기를 원하며(서로를 향해 손을 뻗습니다.)

주님께서 그 얼굴을 네게로 향하여 드사(상대방을 향해 섭니다.)

평화를 주시기를 원합니다(미소를 지으며 양손으로 비둘기 모양을 만들어 날개짓하는 모양으로 축복합니다.)

3. 축복하기

출발 수업 : " 하나님께서 당신의 마음과 생각을 평화의 꿈으로 채워주실 것입니다."

수업1 : " 당신은 하나님의 선하신 창조물의 일부입니다. 하나님의 평화와 사랑안에서 편히 돌아가세요."

수업2 : " 하나님의 평화와 사랑 안에서 편안히 가세요."

수업3 : " 하나님은 당신의 친구가 되기를 원하십니다. 예수님께서 사랑하셨듯이 우리도 서로 사랑해요."

수업4 : " 우리, 주위의 모든 사람들과 하나님의 평화를 나눠요."

수업5 : " 하나님의 평화 안에서 살아가고 좋은 선택을 하세요."

수업6 : " 평화를 품고 돌아가서 다른 사람을 도웁시다."

수업7 : " 하나님의 평화가 당신과 가족에게 함께할 것입니다."

수업8 : " 다툼과 미움이 있는 곳에 하나님의 평화를 전하십시오."

마무리 파티 : " 당신이 하나님의 평화의 용사가 되기를 바랍니다."

샬-롬, 내 친구

Shalom, My Friends

Words: Israeli traditional; tr © Theodore Wuerffel, b.1944
Music: SHALOM, Israeli traditional

율동

1. 샬롬 내 친구 (오른손을 쭉 뻗어 큰 원을 그린다)
2. 샬롬 내 친구 (왼손을 쭉 뻗어 큰 원을 그린다)
3. 샬롬 샬롬(양 손바닥을 상대와 마주 대고 천천히 올렸다가, 손바닥을 떼고는 팔을 바깥쪽으로 벌리며 내린다)
4. 하나님의 평화가 (상대와 오른손 손바닥을 맞대고 위로 올렸다가 떼면서 바깥쪽으로 내린다)
5. 네게 있으리(상대의 왼쪽 손바닥을 맞대고 위로 올렸다가, 떼면서 바깥쪽으로 내린다)
6. 샬롬 샬롬(양 손바닥을 상대와 마주 대고 천천히 올렸다가, 손바닥을 떼고는 팔을 바깥쪽으로 벌리며 내린다)

말씀암송 구절과 방법들

공동체에서 말씀암송이 필요하다면, 수업 때마다 말씀을 암송합니다.
수업 시간에 성경본문을 배우고, 각 수업마다 한 구절을 복습하는 시간을 마련하세요. 암송구절을 복사하여 나눠주고, 어린이들이 집에서도 틈틈이 암송할 수 있도록 격려하세요.
식사 시간이나 간식 시간, 모이는 시간에, 성경이야기 듣기 전, 만들기 시간 전, 또는 보냄의 시간 중에 말씀을 암송해볼 시간을 선택하세요.
어린이들이 함께 배울 수 있도록 멘토와 짝을 지어주세요. 아래의 내용은 두 가지 말씀암송 안내입니다.

1. 로마서 12장 14-21절

여러분을 박해하는 사람들을 축복하십시오. 축복을 하고, 저주를 하지 마십시오.
기뻐하는 사람들과 함께 기뻐하고, 우는 사람들과 함께 우십시오.
서로 한 마음이 되고, 교만한 마음을 품지 말고, 비천한 사람들과 함께 사귀고, 스스로 지혜가 있는 체하지 마십시오.
아무에게도 악을 악으로 갚지 말고, 모든 사람이 선하다고 생각하는 일을 하려고 애쓰십시오.
여러분 쪽에서 할 수 있는 대로 모든 사람과 더불어 화평하게 지내십시오.
사랑하는 여러분, 여러분은 스스로 원수를 갚지 말고, 그 일은 하나님의 진노하심에 맡기십시오. 성경에도 기록하기를 "'원수 갚는 것은 내가 할 일이니, 내가 갚겠다'고 주님께서 말씀하신다" 하였습니다.
"네 원수가 주리거든 먹을 것을 주고, 그가 목말라 하거든 마실 것을 주어라. 그렇게 하는 것은, 네가 그의 머리 위에다가 숯불을 쌓는 셈이 될 것이다" 하였습니다.
악에게 지지 말고, 선으로 악을 이기십시오

2. 선택된 본문

프로그램 중에 이 구절의 일부 또는 전부를 배워봅시다.

- 수업 1 : 악한 일은 피하고, 선한 일만 하여라. 평화를 찾기까지, 있는 힘을 다하여라. (시편34:14)
- 수업 2 : 너희는 잠깐 손을 멈추고, 내가 하나님인 줄 알아라. 내가 뭇 나라로부터 높임을 받는다. 내가 이 땅에서 높임을 받는다. (시편 46:10)
- 수업 3 : 너 사람아, 무엇이 착한 일인지를 주님께서 이미 말씀하셨다. 주님께서 너에게 요구하시는 것이 무엇인지도 이미 말씀하셨다. 오로지 공의를 실천하며

인자를 사랑하며 겸손히 네 하나님과 함께 행하는 것이 아니냐! (미가 6:8)

- 수업 4 : 나는 평화를 너희에게 남겨 준다. 나는 내 평화를 너희에게 준다. 내가 너희에게 주는 평화는 세상이 주는 것과 같지 않다. 너희는 마음에 근심하지 말고, 두려워하지도 말아라.(요한복음 14:27)
- 수업 5 : 주님의 법을 사랑하는 사람에게는 언제나 평안이 깃들고, 그들에게는 아무런 장애물이 없습니다. (시편 119:165)
- 수업 6 : 너 사람아, 무엇이 착한 일인지를 주님께서 이미 말씀하셨다. 주님께서 너에게 요구하시는 것이 무엇인지도 이미 말씀하셨다. 오로지 공의를 실천하며 인자를 사랑하며 겸손히 네 하나님과 함께 행하는 것이 아니냐! (미가 6:8)
- 수업 7 : 악한 일은 피하고, 선한 일만 하여라. 평화를 찾기까지, 있는 힘을 다하여라. (시편34:14)
- 수업 8 : 너 사람아, 무엇이 착한 일인지를 주님께서 이미 말씀하셨다. 주님께서 너에게 요구하시는 것이 무엇인지도 이미 말씀하셨다. 오로지 공의를 실천하며 인자를 사랑하며 겸손히 네 하나님과 함께 행하는 것이 아니냐! (미가 6:8)
- 평상시: 하나님께서 무엇을 말씀하시든지, 내가 듣겠습니다. 주님께서 우리에게 평화를 약속하실 것입니다. 주님께서는, 주님의 백성 주님의 성도들이 망령된 데로 돌아가지 않는다면, 진정으로 평화를 주실 것입니다. (시편 85:8)

말씀을 암송하는 재미있는 방법

1. 플래시 카드를 이용한 놀이. 한 카드에 한 단어만 적어 놓습니다. 그리고 어린이들에게 그 카드를 나누어 줍니다. 어린이들이 카드를 들고서 정확한 순서로 그 말씀을 나열하도록 부탁해 보세요.
2. 플래시 카드들을 벽에 붙입니다. 어린이들은 한 번에 카드를 하나씩 치워가면서 전체 문장을 반복해서 말합니다. 카드가 전부 없어질 때까지 계속합니다.
3. 중요단어를 위한 손동작을 만듭니다.
4. 다른 행동들을 하면서 그 말씀 구절을 말합니다. (제자리 뛰기, 한발로 서기, 멀리뛰기, 걸으면서)
5. 둥글게 서거나 앉습니다. 그리고 어린이 한 명 한 명에게 혹은 조별로 단어들이나 구절들을 반복해서 말해볼 수 있도록 나누어 줍니다. 모두가 그 구절을 외울 때까지 계속합니다.
6. 풍선튀기기: 어린이들이 그 구절 안에있는 단어를 말할 때마다 풍선을 튀기도록 합니다.
7. 공 던지기: 어린이들이 그 구절에 있는 다음 단어를 말할 때 서로에게 공을 던져

줄 수 있도록 해줍니다.

8. 리듬악기를 사용하거나 챈트를 사용합니다.
9. 어린이들이 중요단어를 설명해보게 하고(그려보게 하고) 보조자료로 그림을 사용합니다.
10. 다양한 상황설정 속에서 종종 말씀암송을 할 수 있게 해줍니다. 이것은 어린이들이 먹을 때나, 모이는 중에나, 만들기나 놀이를 할때, 혹은 수업의 끝부분에 하면 됩니다.

간식

수업에서 먹을 일반 간식, 특별 간식에 대해 생각해 봅니다. 수업을 식사로 시작한다면 여러가지 외국 음식들을 시도해 봅니다. 당신이 잘하는 조리법을 활용합니다. 음식 알레르기가 있는 학생이 있는지 확인합니다. 견과류나 그와 비슷한 식품은 피하는 것이 좋습니다.

어린이 활동의 일환으로 간식을 만들려면, 간단한 조리법을 찾습니다.

일반적인 간식 메뉴

- 동물모양 과자와 사과 반쪽(씨를 빼고)
- 여러가지 모양의 과자
- 팝콘
- 오이, 당근, 셀러리 줄기, 피망, 브로콜리, 방울 토마토과 같은 야채
- 칼로리 낮은 소스를 뿌린 야채
- 치즈조각을 올리거나 얇게 바른 크래커
- 사과, 오렌지, 메론, 베리, 흩뿌려진 작은 마시멜로우 등이 있는 신선한 과일 케밥 ; 어린이들이 그들만의 케밥을 만들 수 있도록 나무 꼬치와 함께 요거트 소스도 추가한다.
- 영양가 있는 쿠키와 과자
- 컵케익

■ tip

1. 『고사리손 요리책』 배영희 저/정유정 그림, 길벗어린이
2. 『팔도밥상 어린이 요리책』 심진미 글/김미정 그림, 한겨레아이들
3. 『상상력과 창의력 쑥쑥 어린이 요리책 : 친구들과 조물조물 냠냠 맛있는 간식 만들기』 박새봄 글/콩닥맘이미영 감수, 꽃숨

출발수업

하나님이 만드신 세상에서 나온 좋은 음식을 축하하기 위해, 먹기 좋게 깎아서 잘라놓은 신선한 과일과 채소를 가져온다.

수업1

쟁반에 여러 야채를 담아서 식탁에 놓습니다. 음식을 쟁반에 진열합니다. 뿌리식물–당근, 줄기식물–셀러리, 잎사귀–상추, 과일–사과, 씨앗–해바라기씨. 어린이들이 자기만의 야채 스낵을 만들 수 있도록 합니다.

수업2

쿠키커터를 사용하여 쿠키와 빵의 모양을 하트로 만듭니다. 꿀, 크림치즈, 치즈 등 다른 소스와 함께 먹습니다. 재료를 가져와서 어린이들이 쿠키를 꾸미거나 빵과자를 만들 수 있게 해줍니다.

수업3

먹을 수 있는 팝콘을 만듭니다. 그리고 다른 사람과 나눕니다.

수업4

환영과 우정의 상징인 파인애플, 망고, 아보카도, 바나나를 제공합니다. 혹은 다양한 외국 음식 중 하나를 만듭니다.

수업5

어린이들이 미리 하나 또는 두 개의 재료를 선택합니다. 선택할 수 있는 재료는 치즈와 오이를 끼운 얇은 빵, 빵조각을 찍어먹는 후무스* hummus, 살사소스 묻힌 타코, 바나나와 꿀을 넣은 또띠아, 크림치즈와 작은 베이글입니다.

수업6

건포도, 마시멜로우, 초코칩, 건크렌베리, 무화과, 대추야자, 시리얼, 아몬드 같은 음식을 가지고 만든 믹스스낵을 만듭니다.

수업7

피타빵이나 또띠아를 가지고 개인적인 크기의 피자를 만듭니다. 어린이들이 자기만의 독특한 피자를 만들 수 있는 다양한 토핑을 제공합니다. 그것이 아니면, 어린이들이 다양한 토핑이 있는 그들만의 선데sundae아이스크림을 만들 수 있도록 해줍니다.

수업8

무화과 쿠키, 건포도빵, 포도주스를 제공합니다. 평화의 음식 제공을 위해서 시리얼믹스나 프레즐, 마른과일과 같은 간단한 음식이 필요합니다.

마무리 파티

옵션: 토핑을 올린 선데아이스크림이나 컵케익을 올린 주스 등을 즐겁게 대접합니다. 핫도그와 마시멜로우를 굽는 캠프파이어를 합니다.

*후무스 : 병아리콩으로 만든 스프레드 종류로 중동지역에서 많이 먹는다.

특별활동: 공예 프로젝트

매 수업마다 다양한 공예 아이디어를 실현해 볼 수 있습니다. 고학년 아이들은 몇 주 연속 진행하는 프로젝트를 좋아합니다. 그래서 한 번 하고 끝나는 공예가 아니라 몇 회 계속 이어지는 프로젝트를 진행하는 것이 좋습니다.

돌봄담요

어린이들이 양털 담요를 만들어서 친구에게 선물합니다. 그 담요는 내가 사랑과 돌봄을 받고 있음을 생각하게 해 주는 물건입니다.

재료 : 한 아이당 2.7~3.7m/1.4~1.5m의 묵직한 양털담요 재료를 준비합니다. 어른은 2.7m 꼬마는 1.8m, 키큰 어른은 3.7m 색상과 패턴은 반반 준비합니다. 잘드는 가위, 자또는 줄자를 준비합니다.

순서

- 두 마름의 천을 원하는 크기로 자릅니다. 마무리 된 천의 모서리를 잘라냅니다.
- 두 마름의 모서리를 맞춰서 똑바로 포개놓습니다.
- 겹쳐 놓은 천에서 삐죽삐죽 튀어나온 부분을 잘라서 반듯하게 합니다.
- 핀으로 두 마름의 천을 고정합니다.
- 안으로 10cm 정도 가위질을 합니다. 2.5cm 간격으로 나란히 가위질을 합니다. 네 면을 같은 방식으로 작업합니다.
- 담요의 끝부분부터 매듭을 짓습니다. 위에 있는 천 끈 하나와 바로 아래의 끈 하나로 매듭을 합니다.
- 네 면을 같은 방식으로 마무리 합니다.

새집 만들기

어린이들과 새집을 만들며 이 세상을 돌보는 마음을 갖게 합니다.

재료 : 망치, 1/2" 못, 방수 접착제(글루건), 사포, 드릴(1-3/8" 구멍, 1/4" 드릴비트), 그림1과 같은 12mm 합판 지붕용(17.78*12.7cm), 5.2mm 합판 앞/뒤면용(14.9cm2), 지붕 마무리에 필요한 장부못 12.7cm, 새의 횃대를 만드는데 필요한 장부못(7.62cm), 페인트, 페인트붓, 스프레이 라커

순서

1. 살살 못질을 해서 각 부분을 제 자리에 고정하고 글루건을 사용하여 이음 부분을 접착합니다.
2. 그림 1 처럼 바닥 면 두 개를 껴서 붙이고 글루건으로 접착합니다.
3. 바닥 면에 대고 뒤 쪽을 접착하고 못질합니다.
4. 내부 지지대를 접착하고 못질합니다. 그림 1을 보고 위치를 파악합니다.
5. 1-3/8" 비트를 끼운 그릴로 앞에 구멍을 냅니다. 구멍의 꼭대기는 윗 모서리에서 아래로 5cm 띄웁니다. 1/4" 드릴로 구멍을 뚫어 횃대 꽂을 곳을 만듭니다. 출입 구멍의 밑 부분에서 아래로 1.6cm 낮게 만듭니다. 모서리를 사포로 갈아서 부드럽게 합니다. 마무리 못질을 하기 전에 새집의 내부도 사포질을 합니다.
6. 앞면을 양쪽 아랫면과 내부지지대에 접착하고 못질합니다.
7. 두 개의 합판이 잘 만나서 지붕을 이루도록 놓습니다.
8. 지붕 사이의 홈 안에 12.7cm의 장부못을 붙여 이음새를 마무리 합니다.
9. 모든 나무 표면을 사포질합니다.
10. 횃대가 될 장부못을 붙입니다.
11. 원하는 색으로 페인트 칠을 합니다. 라커로 마무리 스프레이 합니다.

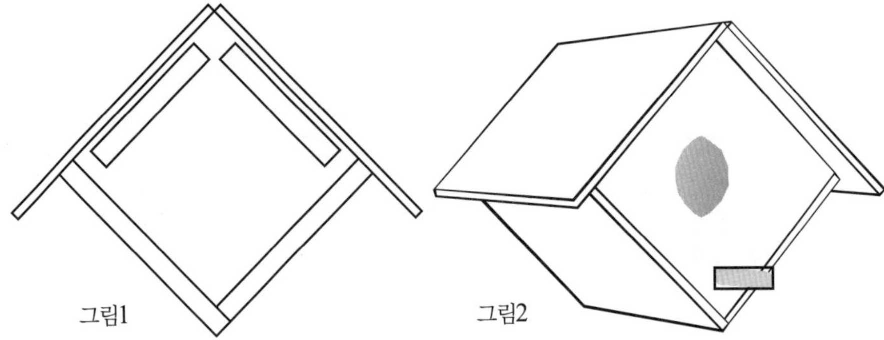
그림1 그림2

평화 사역 나눔 프로젝트 아이디어

가능하다면, 한 세션예를 들어 수업 6을 평화실천가 프로젝트로 디자인합니다. 다음과 같은 아이디어를 실행해 볼 수 있습니다.

땅과 평화롭게

- 지역공동체: 공원, 거리, 학교 운동장 청소하기, 지역의 어르신 돕기.
- 교회: 교회 주변, 교회 안밖 청소하기.
- 사회: 동물보호센터 찾아가서 도움주기.

다른 사람들과 평화롭게

- 음식 나눔: 음식을 나르거나 음식 만들기. 어린이들을 위해 팝콘 만들기
- 난민 사역: 재활용 가능한 옷, 장난감, 어린이 도서, 게임도구를 모아서 난민센터에 가져다 주기. 난민 중에서 생일을 맞은 사람을 위해 축하 파티를 열어주기.
- 가출여성쉼터: 쉼터에 있는 사람들을 위해 과자 구워오기. 아이들을 위해 장난감 만들어 주기.
- 연 만들기: http://mcc.org/kits 등과 같은 곳을 참고로 해서 보건, 학교 관련 주제로 연 만들기.
- 돌봄 담요 만들어서 나눠주기.

이 세상과 평화롭게

- 평화를 위한 기도문 적기. 하얀 천에 기도문을 쓰고 그것을 교회 마당에 있는 나뭇가지에 묶어 두기. 사람들에게 거기에 어떤 기도가 적혀 있는지 알리기.

평화의 선물 나누기

- 꽃 선물
  - 작은 화분을 어린이들이 장식한다.(유성 마커펜, 반짝이풀, 형광풀, 거품모양, 단추, 작은 조개, 솔방울 등)
  - 그 화분에 흙을 채우고 꽃을 심는다.
  - 그 꽃 화분을 지역의 어르신이나 주고 싶은 이웃에게 주어서, 그것을 받은 사람들이 존중 받고 사랑 받고 있다는 느낌을 가질 수 있도록 한다.
- 음식 선물
  - 팝콘
  - 예쁘게 장식한 과자 상자
  - 말랑카우 꼬치(말랑말랑한 캔디를 다양하게 나무 꼬치에 꽂아 만든다. 랩으로 싸고 리본을 두른다.
  - 스프나 쿠기 믹스(마른 재료를 담은 작은 유리병)

돌발 상황을 관리하는 방법

- 충분히 준비합니다. 미리 수업 내용을 읽고 준비합니다. 수업장소에 미리 도착해서 어린이들을 맞이할 준비를 합니다. 수업은 첫 학생이 도착했을 때 시작된다는 마음으로 준비합니다.
- 꾸준하게 알려줍니다. 한 조가 어떻게 함께 행동하는지에 대한 가이드라인을 만들고, 보여주고, 복습합니다. 어린이들에게 그 수업의 목적을 여러번 짚어 줍니다. 필요하다고 생각되면 수업을 멈추고 좋지 않은 행동을 바로잡아 줍니다. 그러면 어린이들이 선생님의 기대가 무엇인지 알고 신중하게 행동할 것입니다.
- 잘 지켜봅니다. 어린이들마다 능력이 다르고 흥미도 다르다는 점을 잘 관찰하십시오. 활동적인 수업 분위기가 유지되도록 노력 하십시오. 어린이들을 충분히 격려하십시오. 할 수 있는 한 자주 어린이들이 많이 움직일 수 있도록 하십시오. 예를 들면, 노래하거나 암송 할 때는 몸을 움직이고, 성경이야기를 들을 때는 바닥에 앉게 하고, 만들기를 할 때는 책상 주위에 둘러서서 할 수 있도록 합니다.
- 격려합니다. 확신에 찬 말투로 긍정적인 행동들을 지지해 주십시오. 모두가 조용히 하고 주의를 기울일 때까지 기다렸다가 주의 사항을 말해 주십시오. 말할 때는 분명하고 천천히, 모두가 알아들을 수 있도록 하십시오.
- 언제라도 사과할 마음을 지닙니다. 실수를 했을 때는 어린이들에게 사과하십시오. 이것도 평화실천가가 되는 교육의 일부입니다.
- 친구가 아니라 리더가 됩니다. 선생님은 리더이고 그래서 선생님이 아이들을 돌보고 있다는 사실을 아이들도 알아야 합니다. 어린이들은 선생님의 기대가 무엇인지 알 때 선생님을 더 존경하게 될 것입니다.
- 다른 선생님에게 도움을 청합니다. 행동에 문제가 있는 어린이들이 있으면, 다른 어른에게 도움을 청하십시오. 다른 리더나 부모의 조언을 받으십시오. 어떻게 규율을 잡아야 할지 모른다면, 선생님을 도와줄 수 있는 누군가와 이야기를 나누십시오
- 기도합니다. 어린이들이 하나님의 사랑과 평화를 경험하게 되기를 기도하십시오. 특히 선생님이 맡아서 돌보는 시간을 위해 기도합니다.
- 사랑하려고 노력합니다. 아이들 하나하나를 무조건적으로 사랑해 주십시오.
- 항상 평화를 만드는 것과 갈등 해결 능력을 연습합니다.

출발수업

평화의 비전

이 수업은 어린이들에게 평화와 평화 만드는 일을 전반적으로 소개하는 데 사용됩니다. 우리가 사는 세상의 평화를 위한 당신의 꿈은 무엇인가요? 이사야 11장에 보면, 예언자 이사야는 사람들에게 새로운 하늘과 새로운 땅과 같은 하나님의 새 세상에 관심을 가지라고 말합니다. 우리도 모든 생물들이 평화롭게 더불어 살아가는 세상, '하나님의 평화'가 가득 찬 세상을 꿈꿉니다.

성경본문

이사야서 11장 6-9절

믿음의 도전

우리는 평화가 가득 찬 세상을 꿈꿉니다.

수업을 위한 사전준비

- 전체 내용을 읽어보고 무엇을 할지 결정합니다.
- 다양한 활동을 위한 공간을 준비합니다.
- 이야기를 위한 작은 소품들을 준비합니다 : 성경, 인형, 과일바구니 혹은 야채바구니, 동물인형, 실타래
- 성경구연을 연습합니다.
- 합께하는 활동에 필요한 물건을 모아 놓습니다.
- 간식을 준비합니다. (17쪽을 보세요)

하나가 되어요

1. 일찍 도착한 어린이들을 위한 활동을 계획합니다. 10쪽을 확인해보세요.
2. 만일 어린이들이 서로를 잘 모른다면 이름표를 만들고, 서로 사귀는 데 좋은 게임을 몇 가지 하십시오.(10쪽)
3. 어린이들을 환영해주고, 모여서 노래를 부릅니다.(13쪽) 반드시 율동이 들어간 노래, 친근한 노래, 어린이들이 좋아하는 노래, 그리고 평화의 노래가 들어가야 합니다.

■ tip

시간이 허락한다면, 아이들이 평화만들기에 대해 배워가면서 실천할 수 있는 주제들과 활동을 이야기해주십시오.

평화를 말해요

■ tip

이야기를 들려주기 전에 소도구들을 주변에 가져다 둡니다. 인형, 과일, 야채 바구니, 동물인형. 성경에서 그 본문을 찾을 수 있도록 짚어줍니다. 어린이들에게 성경 이야기를 들으면서 깜짝 놀랄 만한 뭔가가 있는지 잘 들어보라고 말해줍니다.

1. "샬롬 내 친구"(13쪽) 노래를 부르고 간단한 기도로 시작합니다.
2. 그날의 주제에 대해서 설명해줍니다: 모든 사람이 좋은 삶을 사는데 꼭 필요한 것을 누릴 수 있는 세상, 평화로 가득한 세상을 아이들이 상상합니다.
3. 성경 이야기를 읽어줍니다: 이사야 65장 17-25절 "평화를 위한 하나님의 꿈"

하나님께서 꿈에서 이사야 선지자에게 말씀하십니다.
이사야는 평화의 비전을 보게 되고 하나님의 음성을 듣습니다.

> "보아라, 내가 새 하늘과 새 땅을 창조할 것이니, 이전 것들은 기억되거나 마음에 떠오르거나 하지 않을 것이다.
> 그러니 너희는 내가 창조하는 것을 길이길이 기뻐하고 즐거워하여라. 보아라, 내가 예루살렘을 기쁨이 가득 찬 도성으로 창조하고, 그 주민을 행복을 누리는 백성으로 창조하겠다.
> 예루살렘은 나의 기쁨이 되고, 거기에 사는 백성은 나의 즐거움이 될 것이니, 그 안에서 다시는 울음 소리와 울부짖는 소리가 들리지 않을 것이다.
> 거기에는 몇 날 살지 못하고 죽는 아이가 없을 것이며, 수명을 다 채우지 못하는 노인도 없을 것이다. 백 살에 죽는 사람을 젊은이라고 할 것이며, 백 살을 채우지 못하는 사람을 저주받은 자로 여길 것이다.
> 집을 지은 사람들이 자기가 지은 집에 들어가 살 것이며, 포도나무를 심은 사람들이 자기가 기른 나무의 열매를 먹을 것이다.
> 자기가 지은 집에 다른 사람이 들어가 살지 않을 것이며, 자기가 심은 것을 다른 사람이 먹지 않을 것이다. 나의 백성은 나무처럼 오래 살겠고, 그들이 수고하여 번 것을 오래오래 누릴 것이다.
> 그들은 헛되이 수고하지 않으며, 그들이 낳은 자식은 재난을 당하지 않을 것이다. 그들은 주님께 복 받은 자손이며, 그들의 자손도 그들과 같이 복을 받을 것이다.
> 그들이 부르기 전에 내가 응답하며, 그들이 말을 마치기도 전에 내가 들어주겠다.
> 이리와 어린 양이 함께 풀을 먹으며, 사자가 소처럼 여물을 먹으며, 뱀이 흙을 먹이로 삼을 것이다. 나의 거룩한 산에서는 서로 해치거나 상하게 하는 일이 전혀 없을 것이다."

4. 평화에 대해 이야기합니다.

- 하나님 나라의 모습 중에서 어떤 것이 제일 놀라웠나요?"
- "어떤 장면이 상상하기 어려운가요?"
- "이런 평화의 모습에 무엇인가를 추가하고 싶다면, 어떤 걸 더하고 싶은가요? 왜 그렇게 하고 싶은가요?"
- "왜 이사야 선지자가 하나님의 평화에 대한 비전을 전하려고 했을까요?"
- "오늘날 사람들이 평화에 대한 하나님의 소망에 대해 들을 필요가 있을까요? 왜 그렇게 생각하나요? 그렇게 생각하지 않는 이유는 뭔가요?"
- "우리는 사람과 동물, 하나님의 창조물들이 조화롭고 평화롭게 사는 걸 상상할 수 있을까요?"
- 활동: 평화가 가득한 세상에 대한 어린이들의 꿈을 서로 나눌 수 있는 기회를 만들기 위해 실타래를 사용합니다. 한쪽 끝을 잡고 던지거나 굴려서 다른 어린이에게 그것을 넘깁니다. 그 실타래를 받은 어린이는 실의 끝을 잡고 있도록 합니다. 그들이 더 평화로운 세상을 위한 꿈에 대해서 이야기할 때 그 실을 팔에 감을 수 있습니다. 모두가 실의 한 조각을 붙잡게 되고, 평화에 대한 꿈을 나누게 될 때까지 그 실타래를 다른 친구에게 계속 던지거나 굴립니다. 이 실의 모습처럼 우리의 꿈은 서로를 연결해 준다는 것을 가르쳐 줍니다.

어린이들에게 하나님의 꿈이 실현되도록 하는 데 우리 모두가 참여한다는 사실을 알려 줍니다. "다음 주에는 평화실천가가 된다는 것이 무슨 의미인지, 어떤 어린이들이 세상에 평화를 가져올 수 있는지에 대해서 배울거야."라고 말해줍니다.

tip

이러한 질문이나 생각꺼리를 만들기 시간에 대화의 주제로 사용합니다. 반드시 조용히 앉아서 이러한 질문들에 반응할 필요 없이 다른 활동들을 하는 동안에 사용해도 좋습니다.

몸으로 표현해요(만들기)

평화의 벽화 만들기

어린이들은 실타래 활동을 통해 나눈 평화의 비전을 표현하는 벽화를 만듭니다.

- 종이 또는 시트 벽화 : 여러 가지 재료를 제공합니다.–오래된 침대보나 소포지, 박엽지(티슈페이퍼), 주름종이, 반짝거리는 풀, 천, 재활용품(플라스틱 뚜껑, 알루미늄 호일 등등), 마커펜, 페인트 그밖의 미술재료.
  이것들을 야외로 가져가갑니다. 침대보를 보도 위나 바닥 위에 펼치고 모서리를 벽돌로 고정시킵니다. 어린이들은 벽화를 그리는데 페인트를 사용할 수 있습니다.
- 책상 위 벽화 : 큰 모래상자 안이나 합판 위에 여러가지 천연 재료를 사용하여 만듭니다.
- 세계 콜라주 : 다양한 잡지에서 사진을 오려서 그것들로 세계를 표현할 수 있게 동그랗게 붙입니다.

■ Tip

특별히 이것을 집에 가지고 갈 거라면 평화에 대한 하나님의 비전을 공유할 수 있는 문장이나 성경구절을 벽화에 추가합니다.

평화의 그림 – 짝 활동

어린이들은 둘씩 짝 지어 그림자 그림을 그립니다. 머리 부분을 비출 때 나온 그림자를 가지고 그 안에 평화의 꿈을 그려 넣을 수 있게 됩니다. 한 어린이는 스탠드 라이트를 조종하고 한 어린이는 그 빛을 옆면으로 받으며 앉아 있습니다. 그러면 벽에 붙여 놓은 종이 위에 그림자가 생깁니다. 그때 선생님이나 다른 어린이가 그 그림자를 본 떠 그립니다. 머리의 그림자가 종이 안에 딱 들어오도록 스탠드 라이크를 잘 조정합니다. 한 어린이의 머리 그림자 그림이 완성되면, 서로 역할을 바꿉니다. 머리 모양 그림을 잘 오려내고, 거기에 평화의 꿈을 그려넣습니다.

■ Tip

그 작품을 보고, 그것들에 대해 이야기 나누는 시간을 가집니다.

디오라마(DIORAMA) – 개인활동

어린이들은 평화로운 지구를 위한 비전을 주제로 디오라마(입체전시물)를 만듭니다. 종이 상자나 종이 접시 등을 사용합니다. 다양한 미술재료가 제공됩니다: 색판지, 마커펜, 공예철사, 찰흙, 작은 모형, 동물인형, 자연스러운 소품, 공작용 점토. 어린이들은 자기가 만든 것을 집으로 가져갈 수 있습니다.

몸으로 표현해요(움직이기)

인간꽈배기

- 두 사람이 교실 밖으로 나갑니다. 나머지는 동그랗게 손을 잡고 섭니다. 손을 놓지 않고 원을 위아래로 꼬아 봅니다.
- 두 사람이 들어와서 그 꼬인 것을 풀어봅니다. 꽈배기가 된 사람들도 그 사람들과 협조해서 원래의 모습으로 풀어봅니다.

극과 극은 통한다

- 둘 씩 짝을 지어 봅니다.
- 둘에게 아주 다른 동물/생물 짝을 주고 소리만을 사용해서 연기하도록 합니다. 예를 들면 사자와 양, 어린이와 뱀, 독수리와 토끼 같은 짝이 있습니다. 하나님의 평화에 대한 비전이 담긴 성경이야기와 연결합니다.
- 두 번째로 할 때에는, 둘이 각자가 원하는 것을 고르게 하고 어울리지 않는 짝을 고르도록 합니다.

집에 가자, 새들아

- 어린이들을 세 명씩 나눕니다. 사람 1과 사람 2는 새 역할을 하는 사람 3을 위해서 두 손으로 둥지 혹은 집을 만들어줍니다. 3명씩 묶이지 못한 나머지 사람은 처음에는 그들의 옆에 서있습니다.
- 리더가 "새야, 날아라"라고 말하면, 사람 3은 그들의 둥지를 떠나 열린 공간으로 도망쳐 나옵니다.
- 리더가 "새야, 둥지로 가라"라고 말하면 사람 3이 가까운 둥지로 들어갑니다. 남아있던 사람들은 이때 그 둥지로 먼저 들어가려고 시도합니다. 그리고 둥지를 잃은 "새들"이 술레가 됩니다.
- 리더는 계속해서 그 두 가지 주문을 합니다.
- 게임의 다채로움을 위해, 사람 3이 사람 1 혹은 사람 2와 위치를 바꾸어줍니다. 그러면 모두가 날아볼 수 있는 기회가 생기게 됩니다.

■ Tip

마무리 아이디어는 11쪽을 참조하세요.

수업 1 지구텐트게임

수업 1

창조세계와 함께하는 평화

창조세계를 돌보는 것은 하나님의 평화실천가가 할 중요한 일입니다. 우리는 창세기 1–2장에서 하나님이 주신 창조의 선물을 기뻐하고 "이것은 참 좋다"라고 외칩니다. 하나님은 창조된 세계를 존중하도록 우리를 초대하십니다. 창조세계와 조화롭게 사는 것을 배우는 것은, 서로 조화롭게 살아가는데 아주 중요한 부분입니다. 이번 수업에서는 어린이들이 하나님의 다채롭고 상호의존적인 창조세계를 돌보는 역할에 이해하고 받아들일 수 있도록 도전을 줍니다.

이번 수업에서 어린이들은 하나님이 만드신 다양하고 상호의존적인 세상을 돌보는 역할을 이해하고 받아들일 수 있게 될 것입니다.

성경본문

창세기 1–2장

믿음의 도전

하나님의 창조세계 선물과 이것들을 돌보게 된 것을 축하합니다.

수업을 위한 사전준비

- 전체 수업 내용을 읽어보고 무엇을 할지 결정합니다.
- 다양한 활동을 위한 공간을 준비합니다.
- "태초에..."(33–34쪽)을 4부 복사합니다.
- 잘 읽는 사람 네 명(때로는 어린이들)을 찾아서 미리 연습합니다.
- 선택사항 : 이야기를 시작했을 때 그 본문을 설명할 수 있는 큰 사진과 소도구를 가져갑니다.
- 함께하는 활동에 필요한 물건을 모아놓습니다.
- 간식을 준비합니다. (17쪽을 보세요)

하나가 되어요

1. 일찍 도착한 어린이들을 위한 활동을 계획합니다. 10쪽을 확인해 보세요.
2. 만일 어린이들이 서로 잘 모른다면, 이름표를 만들고 서로 사귀기 좋은 게임을 몇 가지 하세요.(10쪽)
3. 어린이들을 환영해주고, 모여서 노래를 부릅니다.(13쪽). 반드시 율동이 있는 노래, 친근한 노래, 어린이들이 좋아하는 노래, 그리고 평화의 노래가 들어가야 합니다.

평화를 말해요.

■tip

이러한 질문이나 생각꺼리를 만들기 시간에 대화의 주제로 사용합니다. 반드시 조용히 앉아서 이러한 질문들에 반응할 필요 없이 다른 활동들을 하는 동안에 사용해도 좋습니다.

1. 주제 노래("샬롬 내 친구여")와 혹은 간단한 기도로 시작합니다.

2. 주제를 설명합니다: 어린이들은 하나님이 창조하신 세계를 배우고, 우리가 하나님의 평화의 어린 양임을 깨달을 수 있습니다.

3. 성경이야기를 읽어줍니다. : "태초에.."(창세기 1-2장). 33-34쪽의 읽기극장을 시작합니다. 교사는 어린이에게 손신호를 보냅니다. 선생님의 손신호에 맞추어 어린이들은 "참 좋구나"하고 외칩니다.(아이들에게 미리 부탁합니다) 몇 분 동안 연습을 합니다.

4. 평화에 대해 이야기합니다.

- 하나님이 만드신 창조세계에서 뭐가 가장 좋은가요?
- 하나님이 창조하지 않았더라면 하는 것이 있나요?
- 하나님이 무엇을 더 만들었으면 좋았을까요?
- 창조세계를 보면 하나님이 어떤 분인 것 같아요?
- 어떻게 하나님의 창조물들을 잘 돌볼 수 있을까요?
- 맨 처음에 하나님이 세상을 창조하셨습니다. 그리고 처음 가족에게 그것들을 돌보라고 말씀하셨습니다. 하나님이 사람들에게 그의 창조물을 돌보라고 하신 말씀은 무슨 뜻일까요?: 식물, 동물, 사람, 지구, 하늘, 물, 새, 공기….
- 질문: 돌봄이 필요한 하나님의 창조물들은 어디에 있을까요? 한 번 이야기 해 볼까요?
- 5R에 대해서 이야기합니다. : 여러번 쓰기(reuse), 아껴 쓰기(reduce), 고쳐 쓰기(renew), 다시 쓰기(recycle), 안 쓰기(refuse). 다섯 개의 영역에서 어린이들이 할 수 있는 구체적인 행동들을 찾아봅니다.

몸으로 표현해요(만들기)

자연 조각품(개인활동)

재료: 나뭇가지, 조개껍질, 조약돌, 도토리, 솔방울, 작은 판지를 혹은 플라스틱 뚜껑, 찰흙, 공작용 점토

- 자연에서 얻을 수 있는 재료들을 미리 준비합니다. 혹은 시간이 된다면 어린이들이 직접 자연을 둘러보면서 작품에 사용할 재료들을 모아오도록 합니다.
- 조각품을 만들기 위해서 점토 한 덩어리나 색깔 찰흙을 플라스틱 재질의 뚜껑 또는 판지조각 위에 놓습니다. 자연에서 구해온 재료들을 점토에 붙입니다. 단단해질 때까지 따로 보관합니다.

■ Tip

어린이들이 작품들을 만들 때 자연의 소리가 담긴 음악을 틀어 주십시오.

달걀껍질 공예(개인활동)

재료: 달걀껍질, 종이, 접착제

- 미리 달걀껍질을 모아서 으깨놓는다. 미리 색을 입혀도 좋습니다.
- 어린이들은 달걀껍질들을 사용해서 창의적인 디자인으로 모자이크를 만듭니다.

콜라주 만들기(그룹활동)

어린이들이 자연을 둘러보고 자연에서 얻을 수 있는 재료를 가져오도록 합니다. 또는 콜라주에 필요한 재료들을 제공합니다.

- 콜라주를 만들려면 어린이들이 가져온 재료들을 튼튼한 포스터 보드나 천 위에 배열하도록 합니다.
- 재료들을 공예용 풀 혹은 글루건(어른의 도움으로)을 사용하여 붙입니다. 작품을 걸 못이나 가지를 천의 위쪽에 붙이십시오. 콜라주 작품을 움직이기 전에 잘 말립니다.

천연 인쇄(개인 혹은 그룹활동)

재료: 나뭇잎, 크레파스, 흰 종이, 파라핀종이, 다리미

- 나뭇잎들을 모아서 어린이들이 잎의 뒷면에 조심스럽게 색을 입히도록 합니다.
- 흰 종이를 책상 위에 놓고 나뭇잎의 색이 입혀진 부분이 종이를 향하도록 나뭇잎을 배열합니다.
- 파라핀 종이를 얹어놓고 나뭇잎을 다립니다. 파라핀 종이와 나뭇잎들을 제거하고 흰 종이에 그림이 드러나도록 합니다.

몸으로 표현해요(움직이기)

자연 보물 찾기

- 정해진 공간에서 어린이들이 찾을 수 있는 자연 소재의 목록을 미리 준비합니다. 예를 들면 풀잎, 돌, 가지, 나뭇잎, 꽃잎, 나무껍질, 솔방울, 잡초, 꽃, 도토리, 흙 등.
- 자연 보물찾기 규칙을 설명합니다. 어린이들에게 이미 땅에 떨어져 있는 것을 줍도록 하고 새로운 잎이나 꽃잎은 꺾지 않도록 지도합니다.
- 몇 개의 조로 나눕니다. 각 그룹이 찾아야할 목록과 시계를 줍니다. 시간 제한을 설정하고, 재료를 수집할 수 있는 경계선을 다시 알려줍니다. 정해진 시간이 끝나면 다함께 모여서 조별로 찾아온 재료 목록을 보여줍니다.

창조 카드게임

- 14개의 카드 세트를 준비합니다. 각 세트는 다음과 같은 단어들로 이루어져 있습니다. 빛, 어둠, 하늘, 지구, 바다, 식물, 나무, 해, 달, 별, 바다생물, 새, 동물, 사람.
- 3~4명씩 조를 나눕니다. 각 조별로 하나의 카드 세트와 성경이 필요합니다. 조별로 어린이들은 창조 순서에 맞게 카드를 배열합니다.

"지구는 텐트다" 낙하산 게임

- 지구를 텐트라고 상상합니다. 바닥에 동그랗게 앉습니다. 원 안에 큰 천을 펼쳐 놓습니다. 각 어린이들은 천의 모서리를 잡습니다.
- "출발"이라고 말하면, 모두가 팔을 위로 뻗습니다. 천이 올라가면서 낙하산이나 천장 덮개처럼 부풀어 오를 것입니다. 천을 올리며 "하나님이 하늘을 텐트처럼 펼치셨다"라고 말합니다. 몇 번 반복합니다.
- 천을 올리며, 하나님께서 그 텐트(지구) 안에 무엇을 두셨는지 말해보도록 합니다. 예를 들면, "하나님이 하마를 텐트 안에 두셨다." 〈옵션: 어린이들이 ㄱ부터 ㅎ으로 시작하는 창조물의 이름을 하나하나 생각해 볼 수 있습니다.〉

도토리 던지기 – 세 가지 버전

1. 어린이들에게 도토리(혹은 껍질이 있는 견과류) 10개씩 나눠줍니다. 도토리를 가진 어린이들은 의자 위에 일어 섭니다. 그리고 약 0.6m 떨어진 바구니로 떨어뜨립니다. 얼마나 많은 도토리가 바구니 안으로 들어가는지 확인합니다.
2. 어린이들에게 하나의 도토리와 1m정도 길이의 막대를 줍니다. 어린이들은 출발선에 옆으로 나란히 섭니다. '출발' 신호가 들리면 그들은 도토리를 굴려서 약 1.5–3m 떨어진 도착선까지 갑니다. 오직 막대만으로 도토리를 건드릴 수 있습니다.
3. 어린이들에게 도토리를 줍니다. 2번째 게임의 규칙을 따르되 이번에는 오직 그들의 코(입김)만을 사용해서 도착선까지 가야합니다.

Closing ■ 마무리 아이디어는 7쪽을 참고하세요.

함께하는 "읽기 극장"

1 : 세상이 처음 시작 될 때

2 : 아주 오래 전에

3 : 아무것도 있지 않았을 때

4 : 그곳에 하나님이 계셨어요.

1 : 지구의 깊은 공허위에

2 : 하나님이 바람을 불어넣으셨어요

3 : 하나님이 ""빛이 있으라." 말씀하셨고 그것을 '낮' 이라고 부르셨어요.

4 : 그리고 나서 하나님이 어둠을 만드시고, 그것을 '밤' 이라고 부르셨어요. 하나님이 말씀하셨어요.

다같이 : "참 좋구나/아름답구나."

1 : 하나님께서 물을 위와 아래로 나누시고

2 : 하늘과 바다를 만드셨어요.

3 : 하나님이 말씀하셨어요, "이제 우리에게는 낮과 밤이 있고, 바다와 하늘이 있구나."

4 : 그리고 하나님이 말씀하셨어요.

다같이 : "참 좋구나/아름답구나."

1 : 하나님은 바다를 한 곳으로 모으시고 다른 곳은 마른 땅이 되게 하셨어요.

2 : 하나님은 크고 웅장한 나무들, 아름답고 향기로운 꽃들, 그리고 먹을 수 있는 식물들을 만드셨어요.

3 : 하나님은 생명들이 계속되게 하기 위해서 씨앗을 만드셨어요.

4 : 그리고 하나님은 말씀하셨어요.

다같이 : "참 좋구나/아름답구나."

1 : 하나님이 해와 달을 만드셨고,

2 : 반짝이는 별들과 빛나는 은하들도 만드셨어요.

3 : 하나님이 말씀하셨어요. "앞으로 이 빛들이 날과 계절을 만들 것이다."

4 : 그리고 하나님이 말씀하셨어요.

다같이 : "참 좋구나/아름답구나."

1 : 그러나 하나님은 멈추지 않으셨어요.

2 : 반짝이는 물고기들과 강한 바다동물들을 만드셨어요.

3 : 형형색색의 새들과 다양한 크기와 모양의 창조물들을 만드셨어요.

4 : 하나님이 만드신 모든 것들을 둘러보시고는 말씀하셨어요.

다같이 : "참 좋구나/아름답구나."

1 : 비록 이것이 좋았지만/아름다웠지만, 하나님의 창조 속에는 아직 무엇인가 빠진 것이 있었어요.

2 : 사람. 그들이 빠졌어요.

3 : 그래서 하나님은 남자와 여자를 만드셨어요.

4 : 하나님은 그들이 사랑할 수 있는 마음과 지혜로움을 가지도록 만드셨어요. 그리고 말씀하셨어요.

다같이 : "참 좋구나/아름답구나."

1 : "참 좋구나/아름답구나."

2 : 하나님은 사람들에게 땅과 식물들과 동물들을 관리하는 책임을 맡기셨어요.

3 : 하나님은 그들을 축복하시고 말씀하셨어요. "모든 것들이 계속 살아가도록 돌보아주어라."

4 : 그리고 하나님이 활짝 웃으시며 말씀하셨어요.

다같이 : "참 좋구나/아름답구나."

1,2,3,4: 이것은 매우 좋구나/아름답구나. 그리고 하나님은 모든 창조를 마치시고 쉬셨어요.

다같이 : "참 좋구나/아름답구나."

수업 2

마음의 평화

하나님의 평화실천가가 되는데 중요한 것은 우리가 하나님께 사랑을 받는 존재임을 우리의 깊은 내면과 우리의 주변에서 깨닫는 것입니다. 시편 139편에서 하나님께서 우리를 알고 계시며 사랑하고 있다는 것을 발견합니다. 우리가 경험하고 느낀 하나님은 우리와 함께 계십니다. 이 수업은 우리를 향한 하나님의 무조건적인 사랑을 깊이 느끼고 발견하도록 초대합니다. 내면의 평화를 경험하는 것은 다른 사람들과 조화롭게 살아가기 위해서 아주 중요한 요소입니다.

성경본문

시편 139편 1–6절, 13–18절

믿음의 도전

하나님은 우리를 아시고 사랑하세요.

수업을 위한 사전준비

- 수업 내용을 읽어보고 무엇을 할지 결정합니다.
- 다양한 활동들을 위한 공간을 준비합니다.
- "하나님은 나를 잘 아시고 사랑하세요."라는 성경이야기 시간을 잘 준비합니다.
- 선택사항 :"안다", "사랑하다"라는 단어에 맞는 동작을 만들거나 수화를 익혀둡니다.
- 함께 하는 활동에 필요한 물건을 모아 놓습니다.
- 간식을 준비합니다. (17쪽을 보세요)

하나가 되어요

1. 일찍 도착한 어린이들을 위한 활동을 계획합니다. 10쪽을 확인해 보세요.
2. 만일 어린이들이 서로 잘 모른다면, 이름표를 만들고 서로 사귀기 좋은 게임을 몇 가지 하세요.(10쪽)
3. 어린이들을 환영해주고, 모여서 노래를 부릅니다.(13쪽). 반드시 율동이 있는 노래, 친근한 노래, 어린이들이 좋아하는 노래, 그리고 평화의 노래가 들어가야 합니다.

평화를 말해요

■ Tip

성경이야기에 참여하고 싶어 하는 어린이들에게는 요약문을 나누어줍니다. 단어를 말할 때 큰 팔 동작을 할 수 있도록 요청합니다. 서로 부딪히지 않으면서 움직일 수 있는 충분한 공간을 만들어 줍니다.

1. "샬롬, 내 친구"(13쪽) 주제노래와 혹은 간단한 기도로 시작합니다.
2. 주제를 설명합니다: 어린이들은 하나님의 한없는 사랑을 자신의 깊은 내면과 주변에서 경험할 수 있습니다.
3. 시편을 소개합니다. : 성경에서 시편이 있는 곳을 가리킵니다. 시편은 하나님, 하나님의 길, 하나님의 사랑에 대해서 기록한 시와 노래들이라는 것을 말해줍니다. 그들은 깊은 즐거움과 비통함, 행복과 슬픔들의 감정에 대해서 이야기합니다. 오늘날 시편은 하나님께서 우리가 이 땅에 태어나기도 전부터 우리를 알고 사랑하고 계셨다는 것을 알려 줍니다.
4. 5번 활동을 하는 동안 어린이들이 "하나님, 오 당신은, 우리를 아시고 사랑하세요" 라고 반복하여 말하도록 가르칩니다.
5. 시편 139편 1-6, 13-18절을 기초로 하여 작성된 "하나님은 나를 아시고 사랑하세요."를 읽어줍니다.
6. 평화에 대해 이야기합니다.
   - 하나님은 우리에 대해서 무엇을 알고 계실까요?
   - 하나님의 사랑을 받고 있다고 느낀 경험이 있나요?
   - 아주 오래전부터 하나님이 당신을 사랑하고 계셨다는 것을 알았을 때 어떤 기분인가요?
   - 하나님이 언제 어디서나 여러분을 사랑하신다는 것을 알았을 때 어떤 기분인가요?
   - 하나님이 여러분의 무엇을 가장 기뻐하실까요?
   - 이 시가 어떻게 우리들의 내면을 더 평화롭고 편안하게 해주나요?

■ tip

이러한 질문이나 생각꺼리를 만들기 시간에 대화의 주제로 사용합니다. 반드시 조용히 앉아서 이러한 질문들에 반응할 필요 없이 다른 활동들을 하는 동안에 사용해도 좋습니다.

몸으로 표현해요(만들기)

팔찌 만들기(개인활동)

하나님께서 어린이들을 알고, 사랑하고 계시다는 것을 기억하게 하기 위해서 팔찌를 만듭니다. 구슬로 팔찌를 만드는데 걸리는 시간과 노력들은 어린이들에게 하나님이 그들을 만드셨을때 얼마나 많은 관심을 기울이셨는지를 기억할 수 있게 해 줍니다.

재료: 잡지, 바셀린, 꼬치, 접착제, 물, 플라스틱 용기, 실, 헤어드라이기

- 잡지를 길고 삼각형모양의 길쭉한 조각으로 자릅니다.(30cm 길이에 5cm의 너비 그리고 한쪽 끝으로 뾰족해지는 모양)
- 꼬치 위에 약간의 바세린을 펴 바릅니다.
- 2 스푼을 섞습니다. 플라스틱 용기에 물과 풀을 조금 담습니다.
- 앞면을 아래로 향하여 신문지 위에 놓습니다. 그리고 풀을 가는 면을 따라서 얇게 고르게 바릅니다.
- 종이의 넓은 부분을 꼬치 주위에 말아줍니다. 꼬치를 모두 감쌀 때까지 종이를 감아줍니다. 종이가 꽉 조이고 평평하도록 감아주세요. 조각의 끝부분을 잘 눌러주고 풀로 잘 고정합니다.

팔찌 만들기

하나님은 절대 쓸모없는 것을 만들지 않으신다! (개인활동)

어린이들이 재활용품들로 사람의 모양을 만들어보도록 초대합니다. 플라스틱병, 병뚜껑, 판지, 플라스틱 용기와 뚜껑, 통조림캔, 휴지롤심, 철사, 실, 실패(실감개), 펠트, 천, 단추, CD 그 외 다른 재료들과 같이 다양한 재료들을 제공합니다. 만들기를 위해 어른들의 도움을 받으면서 글루건이나 흰풀도 함께 사용합니다.

하나님의 눈(개인활동)

"오호 데 디오스(Ojo de Dios)"는 하나님의 눈을 뜻하는 스페인어입니다. 이 작품은 집에 걸어놓고 하나님의 사랑과 축복을 계속해서 기억하려는 멕시칸 인디언들이 처음 만들었습니다.

어린이들의 개인 재료 : 두 개의 막대기(가지, 젓가락), 다양한 색의 실과 비닐 레이스 장식(약 1.8m)

- 막대를 엇갈리게 놓고 실의 끝을 두 막대가 엇갈려진 부분부터 묶습니다.
- 한 막대에 실을 둥글게 그리고 아래로 엮고 나서 다음 막대 위로 이동합니다. 네 개의 막대에 같은 방법으로 반복하여 모든 줄이 다 감길 때까지 진행합니다. 다음으로는 색을 바꾸어 막대 중에 하나에 묶어서 같은 패턴으로 계속 엮습니다.
- 작업이 완료되면 하나님이 당신을 사랑하시고 알고 계신다는 기억하기 위해 벽에 걸어둡니다.

핸드프린팅(개인활동)

재료 : 호일 접시, 금방 마르는 석고(혹은 금방 마르는 다른 혼합물), 신문지, 물, 큰 플라스틱 용기, 큰 수저나 모종삽, 눌러붙지 않게 해주는 쿠킹 스프레이, 자갈들, 막대기들, 아크릴 페인트, 페인트 붓, 키친타월

- 신문지나 비닐 등을 이용해서 작업공간을 덮거나 가능하면 밖에서 진행합니다.
- 석고 반죽을 플라스틱 용기에 붓습니다. 설명서에 따라 물과 함께 섞어줍니다.
- 혼합물의 밀도가(점성이) 케익 반죽처럼 되었을 때 호일접시에 눌러붙지 않게 해주는 쿠킹 스프레이를 뿌려줍니다.
- 호일접시에 석고를 붓고 표면을 평평하게 만듭니다.
- 반죽에 손도장을 찍고, 막대기로 어린이의 이름을 쓰도록 합니다.
- 자갈이나 그 외에 다른 재료들을 사용해서 장식을 합니다.
- 따로 두어 말립니다.(최소 하룻밤) 완전히 말랐을 때, 호일접시를 제거합니다.
- 반죽이 다 말랐을 때나 다음 주에 어린이들은 손도장에 색을 칠하고, 집에 가져갑니다.

몸으로 표현해요(움직이기)

얼음 땡

- 이 게임을 위해서는 넓은 공간이 필요합니다. 경계선을 정해주고, 게임의 규칙을 설명합니다.
- 술래가 될 사람을 고릅니다.
- 모두가 경계선 안에서 흩어집니다.
- 술래가 크게 열을 세면 게임이 시작됩니다. 술래는 모든 사람들을 잡으려 합니다.
- 술래가 참여자를 잡으면, 그들은 반드시 그 자리에서 "얼음"이 되어 멈춰섭니다. 그들은 오로지 다른 참여자가 그들을 안아 주거나(hug) 하이파이브를 해줄 때에만 다시 게임으로 돌아갈 수 있습니다. 게임은 한사람이 세 번 이상 잡히면 종료합니다. 잡힌 사람이 술래가 됩니다.
- 만일 술래가 모든 사람을 잡아서 모두가 포옹을 기다리는 "얼음"상태가 되어도 역시 게임은 끝납니다. 그 경우 술래가 다음 술래가 될 사람을 선택합니다.

장애물 코스

시편 139편은 하나님께서 우리가 높은 산이나 깊은 골짜기 그 어디에 있을지라도, 우리를 사랑하고 알고 계신다고 말합니다.

- 어린이들은 줄, 의자, 박스, 등등의 다양한 물건들을 사용해서 장애물 코스를 만듭니다.
- 모든 어린이들이 차례대로 장애물 코스를 통과해봅니다.
- 선택사항: 진행자는 장애물 코스를 미리 준비합니다. 여럿이 하거나 팀원들과 함께 장애물 코스를 성공적으로 만들어 봅니다.

음악과 함께하는 이야기

이 게임은 서로를 더 알아가기에 좋습니다.

- 어린이들이 두가지 원을 만드는데, 한 원이 다른 원 안쪽에 있도록 만듭니다.
- 음악을 틀어주고, 두 원이 서로 반대방향으로 돌도록 초청합니다. 음악이 멈추면 어린이도 멈추어 안에 있는 사람과 밖에 있는 사람이 마주보고 섭니다.
- 진행자는 그들이 서로 이야기할 수 있도록 주제들을 알려줍니다. : 좋아하는 음식, 좋아하는 스포츠, 여행해 보고 싶은 장소, 가족구성, 취미. 하나님은 마치 좋은 친구처럼 우리에 대해 모든 것을 아십니다.

놀라운 피구

'놀라운 피구'는 하나님께서 우리를 얼마나 놀랍게 만드셨는지를 축하하기 위한 것입니다.

- 두 그룹으로 나눕니다: 한 그룹은 원을 형성하고 다른 그룹 어린이들은 그 안에 섭니다.
- 바깥에 있는 어린이들은 부드러운 공을 사용해서 안에 있는 학생들을 맞추려합니다. 참여자가 공에 맞으면 하나님이 얼마나 자신을 놀랍게 만드셨는지 크게 외칩니다. ("나는 피아노를 잘 쳐요"). 공에 맞은 어린이는 공을 던진 어린이와 자리를 바꿉니다.
- 선택사항 : 공을 던진 사람은 반드시 맞은 사람의 장점을 말해야 합니다.

Closing ■ 마무리 아이디어는 7쪽을 참고하세요.

성경본문

하나님은 나를 잘 아시고 사랑하세요.(창세기 1-2장)

진행자: 오래 전에 하나님을 아주 많이 사랑한 시인 한 분이 살고 있었어요.
이 시인은 하나님을 향한 아름다운 시와 노래를 쓰는 것을 좋아했어요.
하나님이 우리를 얼마나 많이 사랑하고, 알고 계신지를 말해주는 이 노래를 들어보세요.

오, 하나님, 하나님은 나에 대해 모든 것을 알고 계세요.
나에 대한 모든 것을 말이에요.
내가 일어날 때부터 잠이 들 때까지, 하나님은 나를 사랑하세요.
하나님의 사랑은 너무 놀랍고 내가 상상하는 것보다도 더 경이로워요.
하나님은 정말 놀라우세요.

어린이: 오, 하나님, 하나님은 나를 잘 아시고 나를 사랑하세요.

진행자: 하나님은 내가 언제 집을 나서고 언제 돌아오는지 다 알고 계세요.
심지어 내가 말하지 않아도 내 마음에 있는 생각을 알고 계세요.
내가 기쁠 때나 슬플 때나 하나님은 나를 사랑하세요.
하나님의 사랑이 나를 꼬옥 감싸고 있어요.
하나님은 정말 놀라우세요.

어린이: 오, 하나님, 하나님은 나를 아시고 나를 사랑하세요.

진행자: 하나님은 내가 태어나기 전부터 나를 알고 계셨어요.
하나님은 나를 어머니의 뱃속에 만드셨어요.
나는 훌륭한 걸작품이예요.
나는 하나님의 놀라운 창조물이예요.
하나님은 정말 놀라우세요.

어린이: 오, 하나님, 하나님은 나를 잘 아시고 나를 사랑하세요.

진행자: 오, 하나님, 하나님의 나를 향한 사랑은 바다보다 깊어요.
내가 어디를 가든지 하나님의 사랑은 나를 찾기 위해 기다리고 있어요.
하나님의 사랑은 매일 나를 찾고 있어요.
하나님은 사랑의 팔로 나를 감싸고 계세요.
하나님은 정말 놀라우세요.

어린이: 오, 하나님, 하나님은 나를 잘 아시고 나를 사랑하세요.

수업 3

다른 사람과의 평화

샬롬(Shalom)은 창조세계와 함께하는 평화, 마음의 평화, 상호간의 평화를 모두 포함합니다. 우리의 삶은 관계들로 가득 차 있습니다. 우리에게는 매일 하나님의 사랑과 평화를 다른 사람에게 보여줄 기회가 있습니다. 요한복음에서 예수님은 제자들에게 그분이 그들을 사랑한 것 같이 그들도 다른 이들을 사랑하라고 말씀하셨습니다. 예수님의 제자들처럼, 우리도 서로 평화를 나눔으로써 예수님이 보여주신 사랑의 본을 따르게 됩니다.

성경본문

요한복음 15장 12-17절

믿음의 도전

예수님은 우리에게 서로를 어떻게 사랑해야 하는지 알려주세요.

수업을 위한 사전준비

- 전체 내용을 읽어보고 당신이 무엇을 할지 결정합니다.
- 다양한 활동을 위한 공간을 준비합니다.
- 성경이야기를 위한 선택사항 : 아홉 개의 크고 빨간 하트(종이)를 준비합니다. 나무 못이나 자를 이용해 하트를 붙여둡니다.
- 색종이를 길게 잘라 종이목걸이를 만듭니다. 연필과 매직, 스테이플러와 테이프를 준비합니다.
- 함께 하는 활동에 필요한 물건을 모아 놓습니다.
- 다른 어린이와 나눌 수 있는 간식을 준비합니다. (17쪽와 43쪽의 팝콘 볼 활동을 보세요)

하나가 되어요

1. 일찍 도착한 어린이들을 위한 활동을 계획합니다. 10쪽을 확인해 보세요.
2. 만일 어린이들이 서로 잘 모른다면, 이름표를 만들고 서로 사귀기 좋은 게임을 몇 가지 하세요.(10쪽)
3. 어린이들을 환영해주고, 모여서 노래를 부릅니다.(13쪽). 반드시 율동이 있는 노래, 친근한 노래, 어린이들이 좋아하는 노래, 그리고 평화의 노래가 들어가야 합니다.

평화를 말해요.

1. "샬롬 내 친구"(13쪽) 주제가와 혹은 간단한 기도로 시작합니다.
2. 주제에 대해서 설명합니다: 어린이도 하나님의 사랑과 평화를 다른 이들과 나누는 방법을 발견할 수 있습니다.
3. 요한복음 15장 12-17절을 기초로 "다른 이를 사랑하라"라는 성경이야기를 읽습니다. 어린이들이 "사랑" 이라는 단어를 귀 기울여 듣고, 몇 번이나 들었는지 세어보도록 합니다. 혹은 이야기를 읽기 전에 빨간색 종이 하트를 아홉 명의 어린이들에게 나누어줍니다. 어린이들이 "사랑" 혹은 "사랑하셨다"라는 말을 들었을 때 하트를 들고 이야기가 끝날때까지 그대로 있게 합니다. 그 구절을 천천히 읽습니다.

"다른 이를 사랑하라"

예수님이 자신을 따르는 자들에게 이렇게 말씀하셨습니다.
내가 너희를 사랑한 것 같이 너희도 다른 사람을 사랑해라.
다른 사람을 사랑하면 너희는 나의 친구이다.
내가 너희를 나의 친구라고 하는 이유는 하나님 아버지께서 나에게 말씀하신 것을 내가 너희에게 말하였기 때문이다.
다른 이를 사랑하는 것을 보여주기 위해서 너를 친구로 택하였다.
나는 너희가 다른 사람을 사랑하도록 하기 위해서 이것들을 네게 말하는 것이다.
세상은 나의 삶의 방식을 이해하지 못한다.
만일 너희가 세상의 방법을 따른다면, 세상은 너를 사랑할 것이다.
그러나 만일 너희가 내 길을 따른다면, 세상은 너를 사랑하지 않을 것이다.
이것을 항상 기억해라: 내가 널 사랑한 것같이 너도 다른 이를 사랑해라

■ tip

이러한 질문이나 생각꺼리를 만들기 시간에 대화의 주제로 사용합니다. 반드시 조용히 앉아서 이러한 질문들에 반응할 필요 없이 다른 활동들을 하는 동안에 사용해도 좋습니다.

4. 평화에 대해 이야기합니다.

■ "사랑"이라는 단어를 몇 번이나 들었나요?
■ 왜 예수님이 사랑에 대해 많이 이야기한다고 생각하나요?
■ 예수님의 사랑에 대한 생각이 우리가 TV에서 보던 것과 어떻게 다른가요?
■ 예수님이 말씀하신 사랑을 우리가 어떻게 보여줄 수 있을까요?
■ 여러분이 학교에서, 집에서, 이웃들 속에서, 다른 사람을 사랑할 수 있는 한 가지 실천적인 방법을 생각해 봅니다. 얇고 긴 종이위에 어린이들의 생각을 적거나 어린이들이 자신의 생각을 적게 합니다. 그 종이들을 연결해서 긴 평화의 고리를 만듭니다.

몸으로 표현해요(만들기)

인공조명 만들기(개인활동)

렌턴이나 인공조명은 하나님의 사랑과 평화의 빛이 우리를 통해 다른 사람에게로 퍼져가는 것을 느끼게 해줍니다.

재료: 깨끗한 스프 캔(다른 크기), 망치들, 다른 크기의 못들, 나무 조각들, 봉헌양초, 수건, 장갑, 유성매직, 평화와 사랑을 뜻하는 스텐실(평화의 비둘기, 십자가, 심장)

- 먼저, 캔에 물을 채우고 얼립니다.
- 나무조각들에 못을 박는 연습을 합니다.
- 유성매직이나 스텐실을 이용해서 캔에 손수 그림을 그립니다. 단순하게 그립니다. 캔의 한쪽 혹은 주변에 그림을 그립니다. 바닥에 2.54cm의 공간에는 아무것도 그리지 않습니다.
- 수건에 캔 옆면이 오도록 올려놓습니다. 차가운 것이 불편하다면 장갑을 낍니다.
- 망치와 못을 사용해 디자인된 그림의 위쪽부터 시작해 선을 따라 구멍을 냅니다.
- 모든 구멍을 만들고 나서 못을 뺍니다. 다양한 크기의 못을 사용해 여러 크기의 구멍을 만듭니다. 구멍은 대략 1.2cm 정도 간격으로 합니다.
- 구멍을 다 뚫으면 남아있는 얼음을 제거합니다. 드라이기를 사용하거나 자연건조를 통해서 캔을 말립니다.
- 어린이들이 인공조명 안에 봉헌양초를 조심스럽게 넣을 수 있도록 나눠줍니다. 구멍 안쪽은 매우 날카롭다는 것을 상기시켜줍니다. 하나님의 사랑과 평화를 다른 이들과 나눈다는 것을 상징하는 초를 켜도록 합니다.

■ tip : 만일 어린이들이 작업을 하는 동안 캔 안에 얼음이 녹기 시작하면 다시 얼려줍니다.

팝콘볼 나누기(그룹활동)

간식을 먹고 다른 이들에게 나눠주기 위해서 팝콘볼을 만듭니다.

재료 : 볼을 만들 수 있는 식기들과 재료들, 깨끗한 선물포장용 셀로판지, 메모지, 연필, 리본

- 손을 깨끗이 씻습니다.
- 좋아하는 조리법을 사용해서 카라멜 팝콘볼을 만듭니다.
- 선물용 셀로판지에 팝콘을 싸고 색깔 리본이 달린 메모를 붙입니다.
- 팝콘볼을 간식으로 사용하고 남은 것들은 누구에게 전해줄지 결정합니다.

하트 모양의 향주머니(개인활동)

이 활동을 도와줄 어른들을 초대합니다.

재료 : 하트모양으로 자른 빨간 펠트나 옷조각, 바늘, 실, 향이 나는 꽃잎이나 향신료

- 먼저, 어린이들이 손으로 꿰맬 수 있는 크기로 하트모양을 만듭니다.
- 바늘을 어떻게 다루는지 간단한 바느질은 어떻게 하는지 가르칩니다.
- 하트 주변을 바느질 하고, 향나는 꽃잎이나 향신료가 들어갈 입구는 남깁니다.
- 꽃잎이나 향신료를 넣고 마저 바느질을 합니다.
- 향주머니를 선물로 줍니다.

쿠폰북(개인활동)

친구나 가족들에게 줄 쿠폰북을 만듭니다.

재료: 다양한 색의 색도화지(한사람당 반장씩), 반 자른 흰색 종이(한사람당 두장씩), 스테이플러나 펀치 그리고 실 혹은 리본, 펜, 마커, 스티커들

- 두 장의 흰 종이와 색깔있는 커버를 엮어서 소책자를 만듭니다.
- 구멍을 뚫고 리본이나 실로 묶거나 스테이플러로 고정합니다.
- "다른 이를 사랑하라"라고 커버에 적습니다.
- 종이 한 쪽에 예수님이 사랑을 어떻게 보여주셨는지에 대한 문장을 적거나 그림을 그려 쿠폰을 만듭니다.(치료, 가르침, 공동식사, 경청, 보다듬기)
- 그 반대편 종이에는 자신이 보여줄 수 있는 사랑에 대해서 문장을 적거나 그림을 그립니다. (어린아이들과 함께 놀아주기, 설거지하기, 경청하기)
- 종이의 마지막에는 밑줄을 포함한 내용을 넣습니다.

  (언 제) 가 (이 름) 이(가) 만들었습니다.
  (리 더) 가 확인했습니다.

몸으로 표현해요(움직이기)

문어

이 게임을 통해 어린이들이 하나님의 사랑과 평화를 다른 사람과 어떻게 나눌 수 있는지 생각해 볼 수 있습니다.

- 경계선을 정합니다. 그 경계선 안에서 모두가 흩어집니다.
- 술래는 열을 센 후에 사람들을 잡습니다.
- 만일 누군가 잡히면 그는 술래와 손을 잡아야 합니다. 두 명의 참가자는 함께 더 많은 사람들을 잡습니다. 잡힌 사람들은 인간사슬을 만들고 한 명이 남을 때까지 계속합니다. 마지막 남은 사람은 다음 라운드의 새로운 술래가 됩니다.

의자와 함께 춤을

- 어린이들은 의자에 앉아서 게임을 시작하게 됩니다. (혹은 훌라우프, 쓰레기 봉투를 사용하거나 혹은 바닥에 까는 카페트 견본을 사용합니다.)
- 음악이 시작되면, 어린이들은 마음껏 돌아다닙니다. 음악이 멈추었을 때, 어린이들은 반드시 의자에 앉아야 합니다.
- 매 회마다, 의자를 하나씩 제거합니다. 어린이들은 무릎에 앉거나 의자를 같이써야 하게 될 것입니다.
- 의자가 한 개만 남을 때 까지 계속해서 의자를 뺍니다. 그리고 모든 아이들이 최소한 의자를 건드릴 수 있도록 해주십시오. 어린이들이 서로를 도와서 계속 연결될 수 있도록 격려합니다.

풍선을 부탁해

- 두 명씩 그룹을 나눕니다. 각 쌍에게 미리 불어놓은 풍선을 나누어줍니다.
- 출발선과 도착선을 어린이들의 연령대나 공간의 크기에 따라서 3-12미터 떨어뜨려 표시합니다.
- 짝과 나란히 서서 붙어있는 팔은 팔짱을 끼고 다른 팔로는 풍선을 함께 잡습니다.
- "출발"신호가 들리면, 짝들은 함께 풍선을 튕겨 공중에 떠 있도록 하면서 도착선까지 뛰어갑니다.
- 만일 풍선이 떨어지면, 그 쌍은 팔짱을 끼지 않은 손을 사용하여 그 풍선을 주워야 합니다.
- 도착선을 제일 먼저 통과한 쌍이 승리합니다.

떠도는 유령선

- 두 사람을 뺀 나머지가 손을 잡고 원을 만듭니다. 두 명의 참가자는 "떠도는 유령선" 입니다.
- 손을 잡은 채로, 그들은 "항구"를 찾아서 원 주위를 돕니다. 항구로 적당한 곳을 결정하면, 그들은 원에서 두 사람의 손을 풀어냅니다. 그리고 나서 원 주위를 한번 더 돕니다.
- 그동안 손이 풀려진 두 사람은 손을 잡고 떠도는 유령선이 항구로 오기 전에 반대 방향으로 원을 돌아옵니다. 먼저 도착하는 짝이 그 원을 다시 완성합니다.
- 항구에 늦게 도착한 쌍이 새로운 항구를 찾아 배회하는 떠도는 유령선이 됩니다.

Closing ■ 마무리 아이디어는 7쪽 참고

수업 4 아이티 이야기

수업 4

이 세상과 평화

미디어는 세계 곳곳에서 일어나는 갈등과 비극에 관한 뉴스로 가득 차 있습니다. 우리는 주체할 수 없는 문제들로 인해 무엇을 해야하는지 모릅니다. 어린이들도 지구상의 황폐함과 폭력에 대해 어떻게 반응하고 응답해야할지 혼란스러워 합니다. 이번 장에서 세계에서 가장 가난한 나라 중에 하나인 아이티에 대해서 배우게 될 것입니다. 아이티는 엎친데 덮친 격으로 2010년 초 지진을 겪었습니다. 한 나라에 무엇이 필요한지 관심을 갖는 것은 어린이들의 세계관을 넓히고 집 안에서, 길거리에서, 세계 각지에서 평화실천가가 되는 것이 무엇을 의미하는지 생각해보도록 해줍니다.

성경본문

에베소서 2장 14, 17-19절

믿음의 도전

우리는 예수님을 따르기로 선택했기 때문에 공동체에 대해서 배우고 어떻게 평화를 가져올 지를 배웁니다.

수업을 위한 사전준비

- 전체 내용을 읽어보고 무엇을 할지 결정합니다.
- 다양한 활동을 위한 공간을 준비합니다.
- 읽기극장을 위해서 "아이티 : 두 얼굴의 땅" 2부를 준비합니다. (52p)
- 잘 읽는 사람 네 명(때로는 어린이들)을 찾아서 미리 연습시킵니다.
- 세계지도(혹은 서방지도) 그리고 아이티의 공예품과 사진들을 가져옵니다.
- 아이티를 잘 아는 분이나 그곳에서 일했거나 살았던 손님 한분을 모십니다.
- 함께 하는 활동에 필요한 물건을 모아 놓습니다.
- 다른 어린이와 나눌 수 있는 간식을 준비합니다. (17쪽와 43쪽의 팝콘 볼 활동을 보세요)

하나가 되어요

1. 일찍 도착한 어린이들을 위한 활동을 계획합니다. 10쪽을 확인해 보세요.
2. 어린이들을 환영해주고, 모여서 노래를 부릅니다.(13쪽). 반드시 율동이 있는 노래, 친근한 노래, 어린이들이 좋아하는 노래, 그리고 평화의 노래가들을 준비합니다.
3. 기도자의 기도나 주제가로 시작합니다. 오늘의 주제를 설명합니다: 어린이들도 세계공동체에 대해서 배울 수 있고 평화를 이루기 위해서 함께 일할 수 있다는 사실을 생각할 수 있습니다.

평화를 말해요

1. 오늘의 성경이야기는 편지에 담겨 있습니다. 신약성경에는 예수의 삶, 죽음, 부활에 영감을 받아 하나님의 평화를 전세계를 다니며 설교한 바울의 편지들이 있습니다. 에베소서 2장에 보면, 바울은 출신이 다른 유대인과 이방인을 평화롭게 대하라고 말합니다. 예수그리스도는 사람들 사이의 벽을 허물고 둘이 하나가 되게 하시는 우리의 평화라고 말합니다. 예수님은 모두에게 평화의 기쁜 소식을 말씀하셨습니다. 바울은 모든 사람이 하나님 안에서 가족이라는 것을 알게 해줍니다. 모든 사람은 하나님이 보시기에 거룩합니다. 소중하고 귀합니다. 하나님을 사랑하는 사람들은 서로 친구가 될 수 있습니다.
2. 에배소서 2장 14절, 17–19절을 읽습니다.
3. 지도에서 아이티 섬을 가리킵니다. 아이들이 아이티에 대해서 무엇을 알고 있는지 나눕니다. 아이티에 살았던 손님을 초대하거나 공예품들을 보여줍니다.
4. 52쪽에 나오는 "아이티 : 두 얼굴의 땅"을 가지고 "읽기 극장"을 시작합니다. 읽기 극장은 세상에서 평화를 위해 할 수 있는 일 가운데 하나입니다.
5. 평화에 대해 이야기합니다.

■ tip

이러한 질문이나 생각꺼리를 만들기 시간에 대화의 주제로 사용합니다. 반드시 조용히 앉아서 이러한 질문들에 반응할 필요 없이 다른 활동들을 하는 동안에 사용해도 좋습니다.

- 바울은 두 부류의 사람들이 평화롭게 살 수 있도록 잘 설득했나요?
- 평화롭게 살라고 하는 바울의 격려가 필요해 보이는 사람들이 있나요?
- 모든 사람이 하나님 안에서 한 가족이라는 것을 믿을 수 있나요?
- 우리는 어떤 사람들을 친구로 환영해 줄 수 있을까요?
- 아이티의 이야기에서 두 가지 그룹은 어떤 것일까요?
- 부유한 사람과 가난한 사람이 함께 평화롭게 살려면 어떤 일이 일어나야 할까요?
- 성경에 보면, 바울은 사람들에게 예수님이 평화의 좋은 소식을 알려주셨다고 말합니다. 예수님은 아이티 사람들에게는 어떤 말을 해주셨을까요?
- 어떻게 하면 지진을 겪고 난 아이티 사람들에게 하나님의 평화의 메시지를 전달할 수 있을까요?
- 다른 나라에 대해 배우는 것이 어떻게 평화에 도움이 될까요?
- 평화의 기도를 드립니다. 어린이들에게 하나님의 평화가 필요한 장소 한 곳을 생각해보라고 부탁합니다. 둥글게 모여 앉아 공이나 바통을 옆으로 넘기면서, 한 사람씩 이렇게 이야기해 봅니다.["내가 만일 지구상에 어느 한 곳에 평화를 가져올 수 있다면 나는 (도시이름이나 나라이름)에 가져오고 싶습니다."]
- 어린이들이 세상에 평화를 가져오는 방법을 찾도록 기도합니다.

몸으로 표현해요(만들기)

연(개인활동)

아이티의 어린이들은 재활용 재료를 통해서 자신들의 장남감을 만들 수 있습니다. 연은 아이티와 전 세계의 어린이들이 제일 좋아하는 장남감입니다. 어린이들은 재활용 봉지를 사용해서 간단한 연을 만들 수 있습니다.

재료 : 비닐봉지(비닐 장바구니), 유성펜이나 유성 마커펜, 나무, 연 줄, 리본

- 아무것도 쓰여지지 않은 곳을 보이게 하기 위해 비닐봉지를 안과 밖을 뒤집어줍니다. 유성펜이나 유성 마커펜으로 꾸며줍니다.
- 나무가지가 비닐봉지의 손잡이 통과하도록 만듭니다.
- 3미터의 줄을 나뭇가지 양끝에 묶어줍니다. 두 개의 줄을 연결합니다.
- 두 개의 줄을 연결한 지점에 연 줄을 연결합니다.
- 연줄에 리본을 묶어줍니다.

평화기도를 품은 학(그룹활동)

어린이들은 종이학을 접습니다.(http://monkey.org/~adian/origami/crane/)

재료: 종이접기 종이, 마커펜, 펜, 실과 펀치 혹은 바늘, 이야기 책

- 종이를 나누어 줍니다. 어린이들이 아이티나 지구의 어딘가에 있는 사람들을 위한 평화의 기도를 적습니다.
- 먼저 종이에 기도를 적습니다.
- 순서에 따라서 학을 접습니다. 원한다면 접은 학들을 실로 연결하여 교회에 걸어둡니다.

기도 깃발(개인 혹은 그룹활동)

인도, 이란, 중국을 포함한 세계의 많은 나라에서 흔하게 볼 수 있는 기도 깃발을 만듭니다. 기도 깃발은 다리, 지붕, 산과 같이 바람이 부는 곳이면 어디든 매달 수 있습니다.

재료 : 네모난 천(하얗거나 밝은 천을 자르고 단을 만든다.), 유성마커펜, 줄, 스테이플러

- 네모난 천과 유성마커펜을 사용합니다.
- 그 천 위에 평화의 상징을 만들거나 평화의 단어나 간단한 기도를 적습니다.
- 깃발들의 윗부분을 접습니다. 접힌 곳을 고정하기 위해서 스테이플러로 고정하고 접핀 부분 안에 줄을 넣습니다. 그게 아니면 어린이들이 깃발을 집에 가져가서 전시하고 평화를 위해 기도하도록 격려합니다.

피나타(작은 그룹활동)

메모 : 이 만들기는 두 번의 수업에 걸쳐서 진행됩니다.

재료 : 풍선, 신문, 물, 밀가루, 휴지, 접착제, 사탕이나 과자

- 밀가루와 물을 1 : 2비율로 섞어서 반죽을 만듭니다.
- 풍선을 크게 불고 끝을 묶습니다.
- 밀가루 반죽에 담궈두었던 길고 얇은 종이를 4겹으로 풍선에 붙입니다. 피나타의 입구를 위해 가로세로 8cm의 공간을 남겨둡니다.
- 하룻밤 동안 피나타를 건조시킵니다.
- 풍선의 공기를 뺍니다.
- 피나타를 휴지와 접착제를 가지고 꾸밉니다.
- 피나타에 작은 구멍을 만들고 그 속을 과자로 채웁니다.
- 어린이들은 눈을 가리고 차례대로 막대기를 잡고 과자가 들어있는 피나타를 칩니다. 파나타가 부서지면 함께 과자를 나눕니다.

몸으로 표현해요(움직이기)

지구본 게임

재료 : 공으로 된 지구본

- 참여자들은 둥글게 원으로 섭니다. 모둠 단체 노래인 "그가 그의 손에 온 세상을 두셨어요."를 부르면서 그 지구본을 옆 사람에게 건네줍니다.
- 음악이 멈추면, 그 지구본을 가지고 있는 사람이 한 나라를 짚고 그 곳의 이름을 말합니다.
- 그러면 모두가 노래를 부릅니다. 예를들어, "아이티의 사람들을 하나님의 손에 두셨고, 온 세상 또한 두셨어요."라고 말입니다.
- 그 이후에 계속해서 지구본을 넘기면서 노래를 부릅니다.
- 각 사람들이 다 자신의 차례를 경험해보고 난 후에 게임이 끝납니다.

소쿠리로 옮기기

아이티의 여성들은 시장으로 무엇인가를 옮길 때나 강에서 물을 기를 때 소쿠리를 머리에 이는 방법을 사용한다는 것을 설명해줍니다.

재료: 소쿠리, 자연에서 얻는 재료들(열매, 솔방울, 나뭇가지)

- 어린이들이 자신의 머리에 바구니를 이는 것을 연습합니다.
- 그것이 익숙해졌을 때, 물건을 이곳에서 저곳으로 나르는 것을 하도록 합니다.

고리 던지기 게임

아이티에 있는 어린이들은 그들만의 장난감과 게임을 만듭니다. 고리 던지기 게임을 만들고 해봅시다.

재료: 플라스틱 커피 캔의 뚜껑, 가위, 2*l*의 소다 병

- 커피 캔의 뚜껑으로부터 고리모양을 잘라냅니다.
- 소다병에 그 고리를 던집니다. 병의 거리를 점차 늘려가면서 가면서 계속 연습해봅니다.

기대어 지은 집

- 어린이들이 손을 잡고 원으로 둘러 서게 하고, 번갈아가면서 '하나', '둘'을 외칩니다.
- 몸을 가능한 곧곧하게 펴고, "하나"에 해당되는 학생은 원의 중앙을 향해 몸을 기대고, "둘"에 해당하는 학생은 원의 바깥을 향해 기댑니다. 모든 참여자들은 균형을 잘 유지하도록 노력합니다.
- 모둠이 균형을 다 잡은 후에, 천천히 "하나"에 해당하는 사람은 밖으로, 그리고 "둘"에 해당하는 사람은 안으로 바꿔서 기대봅니다. 참여자들은 자신들이 얼마나 부드럽게 방향을 바꿀 수 있는 지 확인합니다.
- 어린이들에게 두 모둠이 평화롭게 어울릴 수 있음에 대해서 상기시켜줍니다.

Closing – 마무리는 7쪽 참조.

함께 하는 "읽기 극장" – 아이티: 두 얼굴의 땅

1 : 아주 좋은 산들바람이 바다에서부터 불어와요.

2 : 그렇지만, 열대의 태양은 모든 사람들이 모자를 쓰도록 만들지요.

1 : 꽃들의 향기가 너무 달콤해요.

2 : 하수구의 오물 냄새는 안좋아요.

1 : 포르토프랭스 공항에서 큰 비행기가 출발해요.

2 : 오래된 버스와 트럭이 더러운 길을 따라서 운행해요.

1 : 몇 명의 부유한 사람들은 비싼 차를 몰아요.

2 : 대부분의 가난한 사람들은 버스비를 낼 수 없어서 몇 날 몇 일을 걸어다녀요.

1 : 바다로부터 거대한 파도가 모래사장 위로 밀려들어와요.

2 : 여자들은 물 한바구니를 기르기 위해 먼 길을 걸어다녀요.
가족들이 사용하게 하려고 그들은 이 바구니를 머리에 이고 운반해요.

1 : 그곳에는 햄버거를 주문할 수 있는 좋은 레스토랑이 있어요.

2 : 배고픈 사람들이 부스러기라도 얻을 수 있을까해서 바깥에 소망하며 처다보고 서 있어요.

1 : 그곳에는 많은 바다 생선과 과일들이 있어요.

2 : 배가 부은 아이들이 음식을 구걸해요.

1 : 몇 명의 부유한 사람들은 휴식을 위해 바닷가에 가요.

2 : 대부분의 가족들이 당나귀도 키울 여력이 없어요.
그들은 손으로 만든 괭이를 가지고 큰 돌 투성이인 정원에서 일을 해요.

1 : 아이티는 두 얼굴을 보여주는 땅이에요.
그곳에는 굉장한 아름다움과 극심한 빈곤이 있고요.
그곳에는 능력없는 정부의 임기동안 발생한 갈등들이 있어요.
그곳에는 2010년의 지진과 같은 자연재해 때문에 황폐함이 있어요.

2 : 그러나 아이티 사람들은 친절하고 그들이 가진 것에 대해서 감사해요.

1 : 전 세계의 사람들이 아이티에 하나님의 평화를 가져다줄 원조를 보냈어요.

2 : 아이티의 사람들은 식량과 옷, 대피소와 의약품들에 대한 지원에 대해서 감사하고 있어요.

1 & 2 : 아이티는 아름다운 곳이에요.

수업 5

좋은 선택하기

평화는 우리가 매일 만드는 선택 속에 존재합니다. 예수님은 권력, 명예, 부를 누리는 삶에 대해 유혹을 느꼈습니다. 그는 자신의 삶에서 하나님을 첫 번째로 놓고 선택했고, 주변의 목소리 보다는 하나님의 음성을 들었습니다. 우리도 마찬가지로 많은 선택들을 마주하고 있습니다. 우리도 예수님처럼 하나님의 인도를 따라 좋은 선택을 할 수 있습니다.

성경본문

마태복음 4장 1-11절

믿음의 도전

예수님처럼 좋은 선택을 하도록 도와주실 하나님을 신뢰해요.

수업을 위한 사전준비

- 전체 내용을 읽어보고 무엇을 할지 결정합니다.
- 다양한 활동을 위한 공간을 준비합니다.
- 읽기극장을 위해서 "예수님은 좋은 선택을 하셨어요." 3부를 준비합니다. (58-59쪽)
- 소품을 준비합니다: 돌, 자켓, 십자가 목걸이, 성가대가운
- 세 명의 좋은 낭독자를 찾아 준비합니다.
- 신호등을 만듭니다. 오른쪽에 나와있는 박스를 읽습니다.(신호등 만들기) 빨강, 초록, 노랑 포스터 보드를 큰 원으로 자르고 3명당 1세트가 돌아갈 수 있도록 충분하게 준비합니다. 빨간 원 위에 "멈추어 생각하기"; 노란색 원 위에 "이야기하고 듣기"; 그리고 초록색 원에 "함께 해결하기"라고 적습니다.
- 당신이 하기로 결정한 활동들에 필요한 물건을 모아 놓습니다.
- 다른 어린이와 나눌 수 있는 간식을 준비합니다. (17쪽와 43쪽의 팝콘 볼 활동을 보세요)

신호등 만들기

당신만의 신호등을 만들거나 나무와 판지상자를 연결하여 신호등을 만듭니다. 큰 원 세 개를 오립니다. 가장 위에 원에 빨간 셀로판지를 붙입니다. 중간 원은 노란색에 그리고 가장 밑에 원에 초록색을 붙입니다. 가능하다면, 박스 안에 반짝이는 등을 만들어 넣습니다. 등을 조절하여 각각의 다른 색깔의 원에 비출 수 있다면, 챈트를 하는 동안 적절한 때에 각 색깔의 불빛을 볼 수 있습니다.

하나가 되어요

1. 일찍 도착한 어린이들을 위한 활동을 계획합니다. 10쪽을 확인해 보세요.
2. 어린이들을 환영해주고, 모여서 노래를 부릅니다.(13쪽). 반드시 율동이 있는 노래, 친근한 노래, 어린이들이 좋아하는 노래, 그리고 평화의 노래가 들어가야 합니다.

평화를 말해요

■ tip

이러한 질문이나 생각꺼리를 만들기 시간에 대화의 주제로 사용합니다. 반드시 조용히 앉아서 이러한 질문들에 반응할 필요 없이 다른 활동들을 하는 동안에 사용해도 좋습니다.

1. 주제곡이나 간단한 기도로 시작합니다.
2. 그 날의 주제에 대해서 설명합니다 : 어린이들은 하나님이 우리가 좋은 선택을 할 수 있도록 도와주신다는 것을 믿을 수 있습니다.
3. 마태복음 4장 1-44을 기초로 한 함께하는 "읽기극장" "예수님은 좋은 선택을 하셨어요."를 읽어줍니다. 필요하다면 소도구들을 사용합니다.
4. 평화에 대해 이야기합니다.

- 예수님은 어떤 종류의 선택들을 마주하셨나요?
- 예수님은 무엇을 하실지를 어떻게 결정하셨나요?
- 이 이야기는 우리에게 어떻게 좋은 선택을 할 수 있는지에 대한 힌트를 주나요?
- 평화로 이끌 수 있는 좋은 선택은 어떻게 만들 수 있나요?
- 여러분은 매일 어떤 종류의 선택을 하나요?
- 여러분은 어떻게 이러한 결정을 하나요?
- 어려운 결정(예를 들어, "어떻게 돈을 쓸 것인가?")을 해야할 때에는 어떻게 하나요?
- 누군가 여러분에게 (여러분이 생각하기에) 나쁜 일을 시킬 때 어떻게 해야 하나요?
- 여러분이 좋은 선택을 할 수 있게 도와주는 사람은 누가 있나요?

5. 신호등을 통한 문제-해결 활동

■ 미리 준비한 신호등을 가리킵니다. 그 불빛이 무엇을 나타내는 지를 물어봅니다.

■ 어린이들에게 신호등은 문제를 풀기위한 좋은 상징이라고 말합니다. 각 부분이 문제를 풀기 위해 어떤 의미가 있는지를 설명합니다.

1. 빨간불로 시작합니다. : 멈추고 생각하기. 무엇인가 결정을 내려야할 때, 선택에 대해서 멈추어 생각해 봅니다. 어떤 선택사항이 있습니까?
2. 다음은 노란불에 대해 생각해 봅니다. : 이야기하고 듣기. 여기에 관해서 하나님께 이야기해 보거나 (기도) 친구나 어른들에게 이야기하고 들어 봅니다. (하나님은 생각이나 감정을 통해서 말씀하실 수 있습니다) 선택사항에 대해 말합니다.
3. 초록불은 문제가 당신이 알고 있는 최선의 방법으로 해결될 수 있음 뜻합니다.

■ 그룹을 2명이나 3명씩 나눕니다. 각 그룹에 빨간색, 초록색, 노란색의 원을 줍니다. 잘못되었다고 생각하는 일을 하라고 시키는 친구의 압박에 대해 어떻게 응답할 것인가와 같은 간단한 시나리오를 제시합니다. 어린이들이 위에 나온 세 개의 과정을 경험하도록 이끌어줍니다. 옳은 행동을 하도록 결정하기 위해 신호등을 활용하도록 합니다.

1. 빨간불 : 멈추고 풀어야할 문제들을 확인합니다.
2. 노란불 : 먼저 조용히 앉아서 무엇을 할 수 있는지 생각해 봅니다. 몇 가지 선택가능한 것들에 대해서 함께 이야기해봅니다.
3. 당신이 가장 적절하다고 고른 해결책은 무엇입니까?

■ 시간의 여유가 있다면, 그룹들의 생각을 나누거나 다른 시나리오를 만들고 같은 과정을 반복해봅니다.

■ 돌아오는 주에는 모두가 좋은 선택을 하도록 도와주시는 하나님의 음성을 들을 수 있기를 기도합니다.

몸으로 표현해요(만들기)

신호등(개인활동)

재료 : 포스터보드, 우유팩, 셀로판

- 어떻게 하면 지혜로운 선택을 할 수 있는지 기억하도록 해주는 자신만의 신호등을 직접 들어봅니다.
- 그들은 문제-해결 시나리오를 연습하기 위해서 그 신호등을 사용하게 될 것입니다.

저축은행(개인활동)

어린이들은 자신들의 돈을 가지고 좋은 선택을 할 수 있도록 도와주는 은행을 만들 것입니다. 그 은행은 그들이 맡긴 돈이나 십일조 등을 위해 사용됩니다.

재료 : 플라스틱 뚜껑으로 덮인 빈 감자칩 캔, 날카로운 칼, 접착제, 페인트, 마커펜, 스티커, 색도화지, 색실

- 캔이 깨끗한지 확인하고 어린이들에게 하나씩 나누어줍니다.
- 캔의 뚜껑이 밑으로 오게끔 위아래를 뒤집도록 합니다.
- 동전이 들어갈 만한 구멍을 윗면에 만듭니다.
- 어린이들이 직접 자신의 캔에 디자인을 그려넣거나 색도화지나 실 등으로 꾸밉니다.
- 어린이들이 이것을 집에 가져갑니다. 캔을 비울 때는 뚜껑을 조심스럽게 열면 됩니다.

평화의 기계(그룹활동)

재료 : 서로 연결할 수 있는 블록, 포스터보드, 마커펜, 잡지, 가위, 화이트보드, 다른 재료들

- 어린이들이 협동해서 무엇을 만들지 함께 결정합니다.

천사(개인활동)

어린이들은 자신이 힘든 결정을 할 때 혼자가 아니란 것을 기억하게 해줄 천사를 만들 것입니다. 광야에서 예수님에게 나타났던 천사를 참고합니다.

재료 : 연필, 다양한 색종이, 마커펜, 가위, 풀, 실, 반짝이, 다른 만들기 재료, 천사모양 밑그림 (60쪽)

- 종이 위에 자신의 손바닥을 대고 연필로 테두리를 따라 그리도록 합니다.
- 어린이들이 잘 어울리는 색종이 위에 천사의 머리, 팔, 다리, 손, 몸통 밑그림을 따라 그리도록 합니다. 각 어린이들에게 두 개의 팔 다리, 한 개의 머리가 필요합니다.
- 그린 종이들을 모두 오리고 붙인 후에 자신들이 좋아하는데로 꾸밉니다.

몸으로 표현해요(움직이기)

장애물 코스

- 우리가 결정의 순간을 마주했을 때, 이것은 마치 장애물 코스를 통과하는 것과 같습니다.
- 넓은 공간에 장애물 코스를 설치합니다. 어린이들이 줄넘기 줄을 따라 걷기, 훌라후프를 기어서 통과하기, 큰 박스 기어서 통과하기, 콩이 담긴 그릇을 올리고 균형 잡기 등의 활동을 합니다.
- 한 명의 어린이가 먼저 장애물 코스에 섭니다. 어린이가 코스를 완주 한 후에 "우리는 여행을 하고 있어요. 나는 (이름)를 부릅니다."라고 말합니다. 이름이 불린 어린이가 나와 같은 코스를 통과합니다. 완주 후에 다음 어린이의 이름을 부릅니다.
- 모든 사람이 통과할 때까지 계속합니다.

개와 뼈다귀

- 약 2미터의 간격을 두고 똑같이 두 줄로 얼굴을 마주보고 섭니다.
- 각 줄에 있는 어린이들의 수를 한쪽 끝에서 시작해서 반대쪽 끝까지 셉니다.
- 막대를 가운데에 놓습니다.
- 리더가 숫자를 부릅니다. 각 줄에서 그 번호에 해당되는 두 명의 참여자는 막대를 향해서 달려갑니다.
- 이 게임의 목표는 상대팀 어린이 보다 먼저 막대를 안전선 뒤쪽으로 회수하는 것입니다. 막대를 집어들고 상대팀 어린이의 터치를 받지 않고 안전선 뒤로 뛰어서 돌아오면 그 팀이 1점을 받습니다.
- 각 어린이들이 최소한 한 번씩은 참여해 볼 때까지 게임을 계속합니다.

연극놀이

- 어린이들이 직접 "돈, 친구, 시간을 어떻게 쓸 것인가"와 같은 중요한 결정을 주제로 스킷드라마를 만듭니다.
- 예수님이 시험을 당하셨을 때의 이야기를 모델로 사용합니다.
- 문제해결을 도와줄 수 있도록 신호등를 사용합니다.

약간의 시나리오 아이디어 : 내가 누군가와 친구가 되고, 그 때문에 나의 친한 친구를 잃게 되는 상황; 잘나가는 친구들과 어울리려고 최신 유행하는 제품을 사는 상황; 일등이 되기 위해 부정행위를 하는 상황.

- 다양한 의상과 소도구들을 제공합니다.
- 어린이들이 자신들의 스킷드라마를 다른 그룹들에게 보여줍니다.

줄다리기

이 게임은 우리가 아주 어려운 선택을 해야 할 때, 종종 어려움을 겪는다는 것을 생각나게 합니다.

- 동등한 수와 힘을 가진 팀으로 게임을 합니다.
- 그 팀들 사이에 중간 지점을 표시합니다.
- 튼튼한 줄을 사용합니다. 각 팀들은 상대 팀이 그 중간 지점을 넘어 오도록 줄을 당깁니다.

Closing – 마무리는 7쪽 참조.

함께하는 "읽기 극장"

"예수님은 좋은 선택을 하셨어요."(마태복음 4장 1-11절)

나레이터 : 하루는 예수님께서 광야로 걸어 들어가셨어요. 그는 혼자서 생각하고 기도할 시간을 원하셨어요. 예수님은 아무것도 드시지 않고 고민하시고 기도하셨어요. 그는 광야에 딱 하루만 계신 것이 아니었어요. 그는 광야에 단 이틀 계신 것도 아니었어요. 예수님은 음식도 없이 광야에 혼자 40일을 계셨어요! 예수님은 매우매우 배가 고프셨어요. 그때 유혹하는 자가 그의 귀에 속삭였어요.

사탄: 너는 반드시 지금 배가 고플거야. 이 돌들을 저기로 던져서 그것들을 빵덩어리가 되게 하지 그래?

나레이터 : 이것은 너무 듣게 좋은 소리였어요. 사탄은 멈추지 않았어요. 그는 예수님을 괴롭히는 말을 또 시작했어요.

사탄 : 만일 네가 진짜 하나님의 아들이라면, 너는 할 수 있어. 해봐. 이 돌들이 빵덩이가 되게 해봐!

나레이터 : 이것은 예수님에 아주 힘든 일이었어요. 사탄은 예수님이 하나님의 아들인 것을 이미 알고 있었어요. 예수님은 너무 배가 고팠어요(멈춤). 그런데 하나님의 말씀이 예수님의 마음에 들어왔고, 그가 사탄에게 말했어요.

예수님 : 사람들에게는 그들의 먹을 것 보다 하나님의 말씀이 더 필요하다.

나레이터 : 이것은 예수님처럼 아주 배가 고픈 상태에서는 하기에 어려운 말이었어요. 사탄은 포기하지 않았어요. 그는 사원의 가장 높은 탑으로 예수님을 데리고 갔어요. 이것은 가장 큰 도시의 중앙에 위치하고 있었어요. 사탄은 예수님을 유혹하기 위해서 하나님의 말씀을 사용하기 시작했어요.

사탄 : 만일 네가 하나님의 아들이라면 뛰어내려!(자켓을 펼치며) 하나님이 말씀하시기를 천사들이 너를 보호할 거라고 하셨잖아. 하나님이 말씀하시길 심지어 너의 발끝하나 상하지 않게 하신다고 하셨잖아. 그러면 사람들이 너가 하나님의 아들인 것을 알게될거야.. 뛰어내려! 뛰어내려봐!

나레이터 : 예수님은 생각하고 또 생각하셨어요. 그의 생각들은 이리저리 복잡하게 뒤섞였어요. 예수님은 자신이 하나님의 아들인 것을 알았어요. 예수님은 사람들이 그 사실을 알기를 원했어요. 예수님이 뛰어내리면 천사들이 분명 자신을 보호할 거예요.(멈춤) 그런데 그때 하나님의 말씀이 예수님의 마음에 다시금 들어왔어요. 그리고 그가 사탄에게 말했어요.

예수님 : 하나님의 사랑과 힘은 과시하기 위해서 있는 것이 아니다.

나레이터 : 그러나 사탄은 거기서 끝내지 않았어요. 그는 예수님을 아주 춥고 눈이 내리는 세상에서 가장 높은 산꼭대기로 데려갔어요.

사탄 : 저 사람들을 봐라, 모든 사람들과 왕국과 권력을!! 이 모든 것을 원하지? 너는 이 모든 것을 가질 수 있어!! 만일 네가 무릎을 꿇고 나에게 경배하면 내가 이 모든 것을 너에게 줄 수 있어.(목걸이나 가운을 놓는다) 나에게 내가 가장 뛰어나다고 말해봐! 나에게 기도해봐! 나에게 하나님이라고 불러봐!

나레이터 : 예수님은 하나님의 사랑을 저 아래 모든 사람들에게 보여주고 싶었어요. 예수님도 역시 그 사람들을 사랑했어요. 예수님은 너무 배가 고프고 피곤했어요. 모든 생각들이 뒤죽박죽 섞였어요.(멈춤) 그런데 그때 하나님의 말씀이 예수님의 마음에 찾아왔고 그가 사탄에게 말했어요.

예수님 : 오직 하나님만이 하나님이시다. 나는 하나님을 경배하고 그분과 친구가 될 것이다. 그러니 날 혼자있게 놔두어라. 나를 그만 유혹하고, 떠나가라!

나레이터 : 그러자 사탄은 떠나갔고 하나님의 천사들이 나타나서 예수님을 돌보았어요. 그들은 예수님에게 먹을 것을 가져다 주었어요. 그리고 예수님이 편히 쉴 수 있는 곳을 만들어 주었어요. 예수님은 그의 깊은 내면과 그의 주위에서 하나님의 평화를 느꼈어요.

신호등을 이용한 갈등 해결

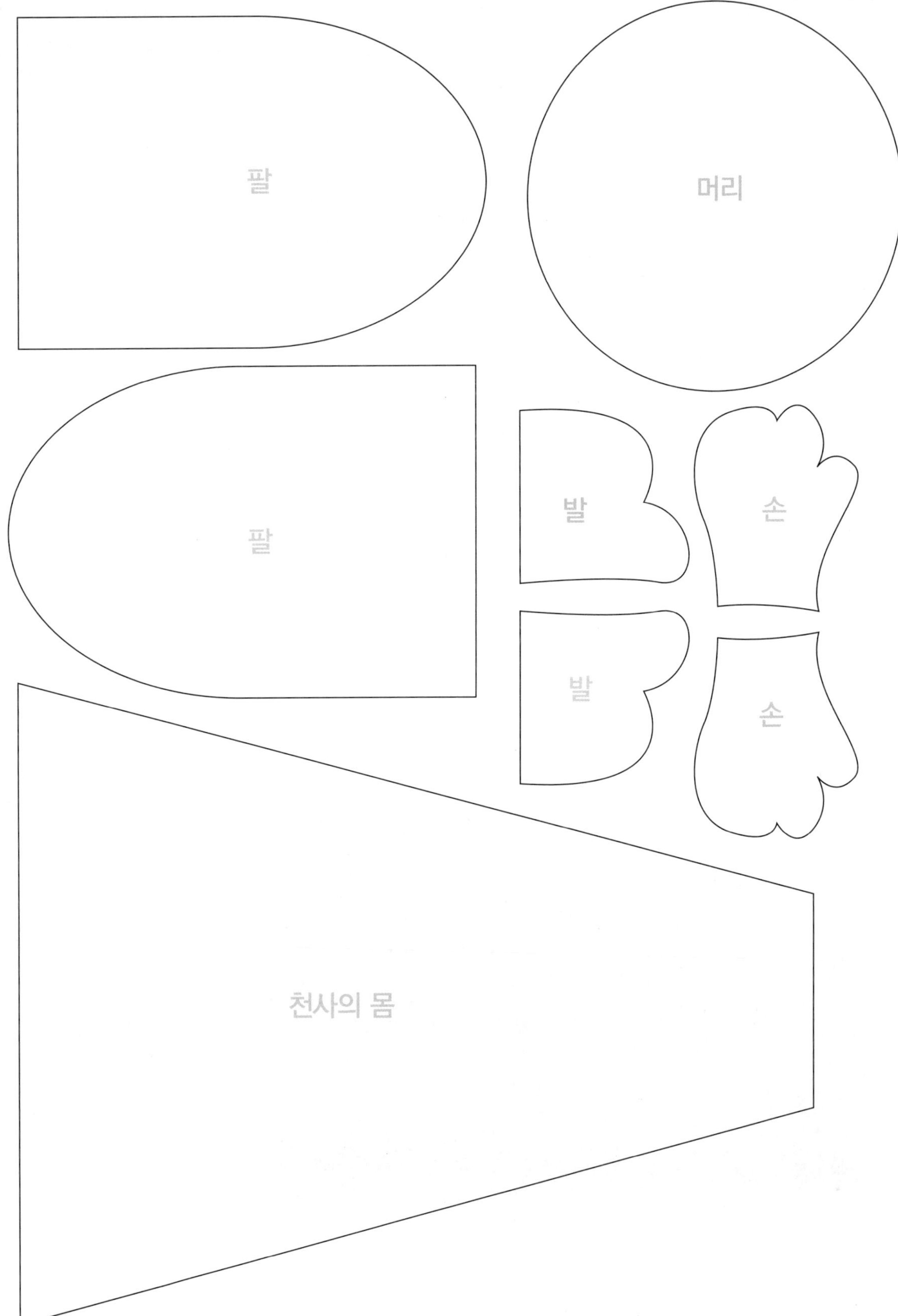

팔
머리
팔
발
손
발
손
천사의 몸

수업 6

다른 사람들을 섬기기

우리는 섬김의 행동을 통해서 세상에 평화를 가져올 수 있습니다. 위대해 진다는 것은 다른 사람을 섬기는 것을 의미합니다. 마가복음 10장 35-45절에 야보고와 요한, 두 형제는 하늘나라에서 "가장 좋은 자리"를 놓고 경쟁합니다. 다른 제자들은 불평을 합니다. 예수님이 그들에게 말씀하시기를 가장 위대해 진다는 것은 섬기는자가 되는 것이라고 말씀하십니다. 이번 수업에서 어린이들은 우리가 어떻게 하면 다른 사람에게 봉사를 하면서 평화실천가가 될 수 있는지에 대해 생각하게 될 것입니다.

성경본문

마가복음 10장 35-45절

믿음의 도전

위대함의 의미는 다른 사람들을 섬기는 것이에요.

수업을 위한 사전준비

- 전체 내용을 읽어보고 무엇을 할지 결정합니다.
- 다양한 활동을 위한 공간을 준비합니다.
- 수업 5에서의 신호등을 준비합니다.
- 스킷드라마의 대본을 4부 준비합니다.(65-67쪽)
- 스킷드라마를 준비하고 연기할 4명의 사람을 찾습니다.
- 섬김 프로젝트를 할 수 있는 계획을 세웁니다.
- 함께하는 활동에 필요한 물건을 모아 놓습니다.
- 다른 어린이와 나눌 수 있는 간식을 준비합니다. (17쪽)

하나가 되어요

1. 일찍 도착한 어린이들을 위한 활동을 계획합니다. 10쪽을 확인해 보세요.
2. 어린이들을 환영해주고, 모여서 노래를 부릅니다.(13쪽). 반드시 율동이 있는 노래, 친근한 노래, 어린이들이 좋아하는 노래, 그리고 평화의 노래가 들어가야 합니다.

평화를 말해요

1. 주제곡이나 간단한 기도로 시작합니다.
2. 그 날의 주제에 대해서 설명합니다. : 어린이들은 다른 사람들을 돕는 것이 평화실천가가 될 수 있는 한 가지 방법임을 배웁니다.
3. 마가복음 10장 35-45절을 기초로 만들어진 성경이야기와 스킷드라마 "선생님의 애완동물"을 연기합니다.
4. 평화에 대해 이야기합니다.
   - 성경이야기에서 제자들이 무엇을 가지고 말다툼을 했나요?
   - 예수님이 좋은 조언을 해주었다고 생각하나요?
   - 우리는 어떻게 하면 예수님 눈에 위대한 사람이 될 수 있을까요?
   - 이 스킷드라마에 나오는 사람들 중 비슷한 경험을 한 사람이 있나요?
   - 어떻게 다른 사람들을 섬기는게 평화를 가져다 줄 수 있을까요?
5. 신호등 활동
   - 학교나 집에서의 권력 관계문제를 둘러싼 문제-해결 상황을 위해서 5과에서처럼 빨강, 노랑, 초록 원을 사용합니다.

     예시:

     a. 어느 누구도 들어갈 수 없는 작은 그룹에 몇 명의 친구들이 있다. 그들은 당신에게 이 그룹에 일원이 되라고 초대한다. 그러나 당신의 가장 친한 친구는 초대하지 않았다.

     b. 당신이 잘하기 때문에 스포츠 팀에서 늘 첫 번째로 뽑힌다. 당신의 친구는 몸집 때문에 늘 마지막에 선택된다.

     c. 당신은 학교 운동장에 있다. 그때 고학년들에게 괴롭힘을 당하는 저학년들을 보게 되었다.

■ tip

이러한 질문이나 생각꺼리를 만들기 시간에 대화의 주제로 사용합니다. 반드시 조용히 앉아서 이러한 질문들에 반응할 필요 없이 다른 활동들을 하는 동안에 사용해도 좋습니다.

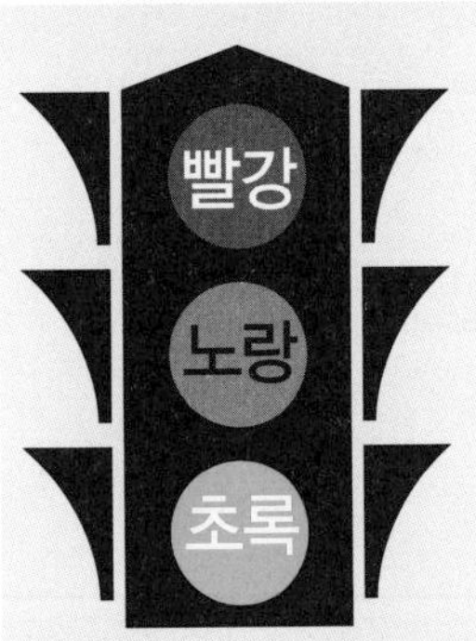

빨강 : 문제가 무엇인가요?
노랑 : 선택할 수 있는 행동은 무엇이 있나요 예수님이라면 어떻게 하셨을까요?
초록 : 당신의 결정은 무엇인가요?

몸으로 표현해요(만들기)

섬김 프로젝트

- 어린이들을 섬김 프로젝트에 참가하도록 초대합니다.
- 21쪽에 나와있는 아이디어 리스트들 중에서 하나를 선택하거나 당신의 아이디어 중에 하나를 선택합니다.

나눠주는 것들

- 21쪽에 제안 되어있는 리스트들을 확인합니다.
- 그룹에게 주기 위해서 믹스 스낵을 만듭니다. (18쪽)

섬김 프로젝트

몸으로 표현해요(움직이기)

섬김 마라톤

노트 : 이 게임은 아마 많은 시간이 필요할 것입니다. 그러나 이것은 어린이들이 다른 사람에게 어떻게 봉사할 것인지에 대해서 생각해 보는데 도움이 될 것입니다.

어린이들이 돌아가면서 경험할 여섯 가지 정거장을 설치합니다. 어린이들은 개별적으로나 팀으로 활동들을 하게 될 것입니다. 각 정거장마다 어른이 관리 감독하거나 카드에 방법을 적어줍니다.

첫 번째 정거장 : 아픈 사람 치료하기 릴레이

- 책상 위에 거즈반창고 혹은 의료테이프 더미를 올려둡니다.
- 어린이들이 줄을 섭니다. 첫 번째 사람이 책상으로 달려가고, 반창고를 집어들고, 다시 출발선으로 돌아와서, 반창고를 뜯습니다. 그리고 다음사람의 이마 위에 붙여줍니다.
- 두 번째 사람이 테이블로 달려가고 같은 동작을 반복합니다. 모든 사람이 반창고를 붙이게 될 때까지 계속합니다.
- 다음 정거장으로 넘어갑니다.

섬김 마라톤

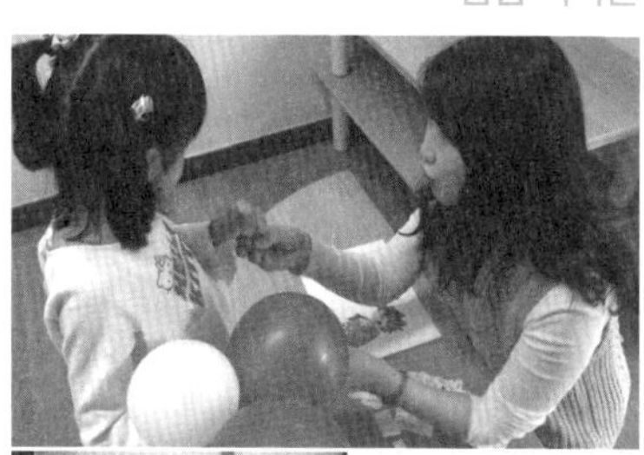

두 번째 정거장 : 가난한 사람에게 옷 입혀주기

- 두 장의 신문지와 마스킹 테이프를 사용해서 접힌 모자를 만듭니다.
- 모든 사람이 모자를 가지게 될 때까지 다같이 함께 일합니다.
- 모자를 쓰고 다음 정거장으로 넘어갑니다.

세 번째 정거장 : 배고픈 사람들에게 먹을 것 주기

- 게임 전에, 가까운 곳 어딘가에 간식을 숨깁니다. 각 팀에게 간식의 위치에 대한 힌트를 줍니다. 간식을 함께 나눠 먹습니다. 추천 간식: 팝콘, 믹스스낵, 프레즐
- 간식을 먹은 후에 다음 장소로 이동합니다.

네 번째 정거장 : 목마른 사람에게 마실 것 주기

- 물 한 병과 몇 개의 컵을 테이블에 놓고 그 테이블을 참여자들로부터 적당히 떨어뜨려 놓습니다.
- 첫 번째 사람이 테이블로 가서, 컵에다가 물을 따르고, 라인에 서있는 두 번째 사람에게 참여하라고 손짓을 합니다.
- 두 번째 사람이 컵을 받아 물을 마시고, 새 물을 따릅니다. 첫 번째 사람은 줄의 끝으로 가서 섭니다. 이것을 모든 사람이 물을 마실 때 까지 계속합니다.
- 다음 정거장으로 이동합니다.

다섯 번째 정거장 : 집 없는 사람들을 위한 보호소

- 팀원들은 함께 담요, 의자, 테이블 등등을 모아서 보호소를 만듭니다. 그 보호소는 모든 팀원들이 안에 들어갈 수 있도록 넓어야합니다.
- 보호소를 철거하고 다음 정거장로 이동합니다.

여섯 번째 정거장 : 하나님의 사랑을 나누기

- 각 팀원들은 풍선을 불고 거기에 "하나님의 사랑"이라고 마커펜으로 적습니다. 구성원들은 서로 도와줍니다.
- 풍선에 실을 달고 모든 팀원들의 손목에 하나씩 묶습니다.
- 다음 장소로 이동하거나 의견을 듣기 위해서 큰 그룹으로 모입니다.
- 어린이들이 배고프고 아프고 목마른 사람에게 봉사할 수 있는 실질적인 방법에 대해서 이야기합니다.

레몬에이드

어린이들은 간호사, 웨이터, 의사, 치과의사, 선생님, 목사님, 엄마, 아빠, 관리인 등을 직업에 따라서 다르게 표현할 것입니다.

- 팀을 둘로 나눕니다. 중앙에서 양쪽으로 6미터 정도 되는 폭의 안전한 놀이공간을 확보합니다.
- 한 팀이 판토마임을 할 직업을 결정하고 공간의 안쪽으로 들어갑니다.
- 두 번째 팀이 판토마임을 추측합니다. 추측이 맞았을 때, 문제를 낸 팀의 참여자들이 그 공간에서 도망다닙니다. 두 번째 팀이 그들을 쫓아갑니다. 누구든지 잡히면 두 팀의 역할을 바꾸고 다른 직업을 표현합니다.

피라미드 만들기

- 가장 몸집이 크고 튼튼한 어린이들이 일직선으로 엎드려서 바닥층을 형성합니다. 두 번째와 세 번째 층의 어린이들은 밑에 아이들의 어깨와 등 위에 엎드려서 한 줄을 만듭니다.
- 가장 가벼운 사람이 꼭대기에 섭니다.
- 이 활동은 반드시 어른이 지도해야 합니다.

함께하는 "읽기 극장"

선생님의 애완동물 1막

등장인물 : 세 어린이와 선생님

배경 : 학교 교실

1: 나는 내가 받아쓰기 시험에서 100점을 받았기 때문에 내가 선생님을 대신해서 미술용품을 나눠줄 거라는 걸 알고 있어.

2: 나도 100점인데... 나도 미술용품을 나눠주고 싶어.

1: 그래 ? 음, 난 수학 숙제도 완벽하게 했거든.

2: 난 딱 한 개를 틀렸어, 그것은 바보 같은 실수였어. 사실 그 답을 알고 있었지.

1: 그렇다고 바뀌는건 없어. 어쨌든 틀렸잖아.

2: 너는 태어나면서부터 완벽했어?

1: 그건 아니지만, 이것은 단지 내가 노력한 것에 대한 마땅한 대우라고 생각해.

3: 얘들아, 무슨 이야기를 하고 있는거니?

2: 우리 선생님의 사랑을 받는 완벽녀(1)께서 자기는 단어시험과 수학시험이 올백이기 때문에 미술용품을 나눠줄 것이라고 생각하고 있어.

1: 음(3에게) 너는 몇 점 받았니?

3: 관심없어! 난 단 한번도 다 맞아본 적이 없거든. 나는 점수에 신경쓰지 않아. 그것은 바보같은 짓이야. 나는 학교에 대해서조차 신경쓰지 않아.

1: 한번도 100점을 받아본 적이 없으니까 그렇게 말하는 거야.

3: 네가 나에 대해 뭘 하는데? 넌 내가 아니잖아.

2: (1에게) 맞아 너는 너가 모든 것을 알고 있다고 생각하지. 너는 단어시험이나 수학에 대해서는 모든 것을 알고있을지 몰라도, 친구의 감정을 아는 것에는 빵점일걸.

(멈춤 : 리더가 성경이야기를 할 때 캐릭터들은 멈추거나 빨리 옆으로 움직인다.)

성경이야기-"두 형제" 마가복음 10장 35-45절

야고보와 요한은 예수님과 이야기하려고 기다리고 있었어요. 둘은 예수님이 혼자 계실 때가지 기다렸어요.

야고보가 말했어요, "예수님, 우리에게 약속해주세요."

"맞아요," 요한이 말했어요, "우리가 무엇을 부탁하더라도 하겠다고 약속해주세요."

예수님은 성급하게 알겠다고 말씀하시지 않았어요. "내가 무엇을 해주기를 원하는지 말해보아라."

"너가 말해," 야고보가 요한에게 말했어요.
"내가? 이것은 네 생각이잖아." 요한은 완강하게 거절했어요. 그러자 야고보가 천천히 말을 꺼냈어요. "저기.. 음... 예수님, 우리 생각에는... 예수님, 우리가..." 그는 그 질문을 하는 것을 망설였어요.

마침내, 이야기를 시작했어요. "예수님, 예수님이 하나님나라의 왕이 되시면, 우리를 예수님의 양 옆에 앉게 해주세요. 우리는 예수님의 가장 친한 친구잖아요."

"그것은 불공평해!" 그들 뒤에서 항의하는 목소리가 들렸어요. 베드로가 요한과 야고보의 말을 다 듣고 있었어요. "누가 그래? 너희가 예수님의 가장 친한 친구라고? 헐~!"

"내가 더 친해. 나는 돈을 관리하잖아," 예수님의 친구 중 다른 한 사람이 말했어요. 그러자 예수님의 모든 친구가 이 대화에 끼어들기 시작했고 모든 사람이 화가 났어요. "누가 너희 둘이 스승님의 가장 친한 친구라고 생각하겠어?"

"제일 친한 친구라구! 헐~!"

"오호! 너는 우리가 여기에 빨래나 하고 설거지나 하러 온 것으로 생각하는거구나."

"들어보거라" 예수님이 말씀하셨어요, "너희는 대장노릇을 하는 어떤 사람을 알 것이다. 그들은 다른 사람에게 시키기를 좋아한다. 너희는 내가 왜 여기에 너희와 함께하러 온 줄 아느냐?"

사람들이 갑자기 조용해졌고, 무어라 말해야할지 몰랐어요.

예수님께서 말씀하셨어요, "나는 너희들에게 정말 큰 사람은 대장 노릇 하지 않는다는 것을 보여주기 위해서 왔다. 큰 사람들은 앞장서서 빨래와 설거지를 하는 사람들이다. 또 큰 사람들은 앞장서서 어린 형제자매들을 도와주거나 다른 사람과 나누는 사람이다. 나는 너희의 대장 노릇을 하기 위해 오지 않았다. 나는 너희를 돌보고 사랑하기 위해 왔다."

야고보, 요한, 베드로와 나머지 제자들은 조용해졌어요.

(멈춤: 선생님의 애완동물 파트2로 계속)

선생님의 애완동물 2막

선생님 : 여기서 무슨 일이 있었던거니?

1,2,3 : 쟤가 저에게 멍청하다고 했어요.

선생님 : 그래? 잠시 기다려보렴. 너희가 서로 뭐라고 말했는지를 들어보고 싶은데... (3을 가리키며) 네가 먼저 말해보렴.

3 : 저 녀석들이 제가 성적이 나쁜 것을 가지고 잘난 체 할 때 기분이 나빠요.

2 : 쟤(3을 가리키며)가 자기가 완벽한 점수를 받았다고 마치 우리보다 잘난 사람처럼 말할 때 기분이 나빠요.

1 : 저는 잘한 것이 자랑스러워요. 충분히 칭찬을 받을 자격이 있다고 생각해요.

선생님 : (3에게) 그렇지만 다른 친구들의 기분은 어떨까? 배운다는 것은 단지 백점을 받거나 숙제를 잘하는 것만이 아니야. 배운다는 것은 다른 사람들에게도 마음을 쓰는 것을 의미하지. 선생님은 너희 모두에게 마음을 쓰고 있난다.

1,2,3 : (곰곰 생각해본다.)

선생님 : 지금 너희가 원하는게 뭐니?

3 : 저는 학교에서 좀 더 잘하고 싶어요.

2 : 저는 약간 실수를 하더라도, 내가 얼마나 어려운 시도를 했는지 이해받고 싶어요.

1 : 나는 너희 둘과 모두 좋은 친구가 되고 싶어.
애들아, 만일 내가 너희에게 단어시험을 도와주면 너희는 내 농구연습을 도와줄래? 나는 공 잡는 것에 서툴거든!

어린이가 만드는 평화

수업 7

차이를 인정하기

서로의 차이를 소중히 여길 때 세계는 평화로워집니다. 누가복음 10장 38-42절에는 마리아와 마르다 두 자매의 '경쟁의식' 에 대한 이야기가 등장합니다. 예수님은 두 자매가 어떤 차이가 있든지와 상관없이 두 자매와 함께 시간을 보내고 싶어 하셨습니다. 예수님은 우리를 부르셔서, 모든 사람과 이어질 수 있게 하십니다. 특히 우리의 기족들이 서로 존중하며 화목하게 지낼 수 있도록 말입니다. 우리는 서로에게 둘도 없는 특별한 선물입니다. 우리가 그걸 깨닫게 되면 평화실천가가 될 수 있습니다.

성경본문

누가복음 10장 38-42절

믿음의 도전

서로의 차이를 소중히 여겨요.

수업을 위한 사전준비

- 전체 내용을 읽어보고 무엇을 할지 결정합니다.
- 다양한 활동들을 위한 공간을 준비합니다.
- 수업5에서 사용한 신호등을 준비합니다.
- 성경이야기 "두 자매"를 준비합니다. (74쪽)
- 이야기를 읽어주는 동안 두 명의 소녀에게 내용을 연기하도록 요청합니다.
- 함께하는 활동들에 필요한 물건을 모아 놓습니다.
- 간식을 준비합니다.(17쪽)

하나가 되어요

1. 일찍 도착한 어린이들을 위한 활동을 계획합니다. 10쪽을 확인해보세요.
2. 어린이들을 환영해주고, 모여서 노래를 부릅니다.(13쪽). 반드시 율동이 있는 노래, 친근한 노래, 어린이들이 좋아하는 노래, 그리고 평화의 노래가 들어가야 합니다.

평화를 말해요

1. 주제곡이나 간단한 기도로 시작합니다.
2. 그 날의 주제에 대해서 설명합니다. : 각자의 차이를 소중히 여길때, 어린이는 가족, 친구와 함께 평화실천가가 됩니다.
3. 누가복음 10장 38–42절(74쪽)을 기초로 만들어진 성경이야기를 들려줍니다.
4. 평화에 대해 이야기합니다.

- 여러분 마리아, 마르다 중 누구와 더 가까운가요?
- 예수님이 마르다에게 하신 말씀이 옳다고 생각하나요?
- 여러분의 형제, 자매 혹은 친한 친구와 어떤 차이점이 있나요?
- 특별히 서로 많이 다를 때, 어떻게 하면 서로를 인정할 수 있을까요?
- 우리가 하나님의 사랑과 평화를 가족에게 보여줄 수 있게 해달라고 기도합니다.

5. 신호등 활동 "이건 불공평해!"

- 어린이가 형제자매 사이에서 경험하는 갈등을 어떻게 평화롭게 풀 수 있는지 생각해보기 위해 신호등을 사용합니다. 빨간불: 무엇이 문제인가? 노란불 : 무엇을 선택 할 수 있는가? 예수님의 제안은 무엇이 있었는가? 초록불: 어떤 결정을 내릴 수 있는가?

예시:

a. TV를 보려고 합니다. 당신의 형제나 자매가 아주 시끄럽고 정신을 산만하게 하는 게임을 하고 있습니다.

b. 당신의 어머니는 당신에게는 방을 치우라고 하고 어린 남동생이나 여동생에게는 방을 치우라고 하지 않습니다.

c. 당신은 혼자 그림 그리며 시간을 보내는 것을 좋아합니다. 당신의 형제나 자매는 늘 당신과 함께 활동적인 놀이를 하고 싶어 합니다.

■ tip

이러한 질문이나 생각꺼리를 만들기 시간에 대화의 주제로 사용합니다. 반드시 조용히 앉아서 이러한 질문들에 반응할 필요 없이 다른 활동들을 하는 동안에 사용해도 좋습니다.

빨강 : 멈추고 생각하세요
노랑 : 듣고 말하세요
초록 : 함께 문제를 풀어 보세요.

몸으로 표현해요(만들기)

돌 만들기(개인활동)

재료 : 다양한 돌, 접착풀, 글루건, 공예 재료: 천조각, 모형 눈동자, 펠트지, 반짝이, 매직, 리본, 기타 아이템

- 어린이는 자신의 가족이나 주변에 있는 사람들을 생각합니다. 모든 사람은 사랑스럽고 가치있는 특별한 모습을 가지고 있습니다. 모두가 다 특별하기 때문에, 차이를 존중하는 것은 가끔 어렵기도 합니다. 예수님은 마리아와 마르다 모두가 소중하다는 것을 보여주셨습니다. 어린이는 자신의 특별한 가족, 친구를 받아들이는 자신만의 "가족 돌"을 만들 것입니다.
- 어린이들이 다른 크기, 모양, 색깔을 가진 돌을 고르게 합니다.
- 가족 구성원이나 친구들을 상징하는 돌을 꾸미도록 미술재료들을 줍니다.
- 꾸며진 돌을 큰 돌이나 나무 판 위에 붙입니다.

선택사항 : 땅콩이나 호두껍질을 이용한 "견과류" 가족을 만들 때는 매직을 사용합니다.

양말 인형(개인활동 혹은 그룹활동)

재료 : 깨끗한 양말, 버튼, 실뭉치, 바늘, 매직, 상자나 작은 테이블로 만든 인형극장

- 어린이들에게 인형으로 사용할 양말을 줍니다. 단추를 바느질해서 눈을 달고, 실뭉치로 머리를 만들고, 펠트지로 입을 만듭니다. 다른 부위는 매직으로 표현합니다.
- 서로의 차이를 인정하는 형제, 자매, 친구에 대한 인형극을 만듭니다.

만화(개인활동)

재료 : 스템프 패드, 펜, 색연필, 자, A4용지

- 형제자매나 친구들 사이의 갈등이야기를 만화로 만들게 합니다.
- 다른 장면들을 위해 종이를 사각형으로 접거나 종이에 만화칸을 그리도록 합니다.
- 엄지손가락을 사용해서 등장인물을 그리고 각 캐릭터의 특징 있는 생김새를 그립니다.
- 형제자매나 친구들 사이에서 겪은 최근의 갈등을 만화에 그려보게 합니다.
- 가족 구성원들과 친구들이 차이를 어떻게 잘 극복할 수 있는지를 제안하는 해결책도 그리도록 합니다.
- 어린이들이 만화의 일부로 신호등을 사용할 수 있습니다.

가족 초상화(개인활동)

재료 : 오래된 CD케이스, 색깔 찰흙, 파일 라벨지, 가는 매직

- 어린이들에게 열린 CD케이스를 줍니다. 색깔 찰흙을 사용해 케이스 안에 가족 초상화를 만들게 합니다.
- 다 되면, 케이스를 닫고 "내 가족을 축복합니다."라고 라벨지에 써서 케이스에 붙입니다.
- 선택사항 : 수업을 시작하기 전에 어린이들이 가족사진을 가져오게 합니다. 크기에 맞게 자른 뒤 바깥쪽을 보도록 케이스 안에 넣습니다. 이것은 CD의 뒷 배경판이 됩니다.

몸으로 표현해요(움직이기)

과일바구니

- 어린이들에게 자신이 얼마나 특별하게 재능을 타고났는지 생각해보게 합니다. 서로의 차이를 이해하기 위해 "과일바구니" 놀이에 초대합니다.
- 전체 인원수보다 한 개 적은 의자를 가지고 원으로 둘러앉습니다.
- 운동선수, 음악인, 예술가, 배우 와 같은 4개의 카테고리를 정합니다.
- 술래가 하나의 카테고리를 부르면 그 카테고리에 해당하는 모든 어린이가 일어나 자리를 바꿉니다. 그동안 술래는 빈자리를 찾아서 앉습니다.
- 술래가 "하나님의 어린이"라고 말하면 모든 어린이가 새로운 자리를 찾아서 앉습니다. 어린이들이 놀이에 사용될 카테고리를 생각할 수 있도록 초대합니다.

용 꼬리 잡기

- 한 사람 뒤에 다른 사람이 오는 방식으로 그룹 당 8~10명씩 한 줄로 세웁니다.
- 앞 사람의 허리를 잡게 합니다.
- 마지막 사람은 자신의 허리 뒤에 양말을 숨깁니다.
- 용의 "머리"역할을 하는 첫 번째 사람의 목표는 마지막 사람 양말을 뺏는 것입니다.
- "꼬리"가 잡히게 되면, "머리"는 맨 끝으로 가고 두 번째 사람이 새로운 "머리"가 됩니다.

■노트 : 이 놀이는 두 마리의 용으로도 할 수 있습니다.

풍선(공) 튕기기

- 원으로 서거나 앉습니다.
- 목표는 한 어린이가 연속해서 풍선을 만지지 않으면서, 풍선이 공중에 계속 떠 있도록 하는 것입니다.
- 같은 규칙을 사용하면서 한 개의 풍선을 추가합니다. 두 번 풍선을 건드리지 않으면서 얼마나 많은 풍선을 공중에 띄울 수 있는지 확인합니다. 그 상태를 얼마나 유지할 수 있는지 시간을 잽니다.
- 선택사항 : 풍선을 튕길 때 매번 같은 사람에게 주는 일정한 패턴을 만듭니다. 그 패턴이 익숙해질 때까지 몇 분 동안 연습합니다. 시간을 재면서 도전합니다. 놀이의 재미를 위해 동물인형, 둥글게 만 양말, 콩주머니처럼 부드러운 촉감의 아이템을 추가합니다. 이때에도 같은 사람에게 던지고 같은 사람으로부터 받는 패턴은 계속 유지합니다.

위, 아래

- 한 어린이 뒤에 다른 어린이가 서는 방식으로 한 줄로 섭니다.
- 첫 번째 어린이는 두 번째 어린이에게 공을 머리 위로 줍니다.
- 두 번째 어린이는 다음 어린이에게 공을 다리 밑으로 전해줍니다.
- 그 공이 마지막 어린이에게 도달할 때까지 번갈아가면서 위, 아래로 전달하고, 마지막 어린이가 공을 받으면 줄의 맨 앞으로 뛰어와서 다시 뒤로 공을 넘깁니다.
- 처음 맨 앞에 있던 어린이가 다시 줄의 맨 앞으로 돌아올 때까지 계속합니다.
- 이 놀이는 그룹들 사이의 릴레이 게임으로도 진행할 수 있습니다.

성경이야기 –"두 자매" 누가복음 10:38–42

마리아와 마르다는 자매로 자랐어요. 예수님은 그들의 좋은 친구였고 자매는 모두 예수님을 매우 사랑했어요.

마리아와 마르다는 예수님께서 자신의 집에 오시자 기뻤어요. 마르다는 집을 청소하고, 예수님이 좋아하는 음식을 만들었어요. 그녀는 특별한 손님인 예수님을 맞을 준비를 했어요.

드디어 예수님이 오셨어요. 문에서 인사한 뒤 마리아는 예수님과 거실로 갔어요. 그리고 예수님 옆에 앉아서 하나님에 대해 궁금한 것을 예수님에게 물어보았어요.

"어떻게 하면 하나님의 방법대로 살 수 있는지 알려주세요." 마리아가 말했어요. "저는 어떻게 사랑할 수 있으며 어떻게 하나님의 평화를 다른 사람에게 나눌 수 있는지에 대해 더 배우고 싶어요."

한편, 마르다는 주방에서 바쁘게 움직이고 있었어요. "마리아~" 그녀가 불렀어요. "이리와서 나를 좀 도와줄래?"

마리아는 마르다의 말을 듣지 않았어요. 예수님의 말을 듣기에 바빴지요. 결국, 마르다 혼자 식사 준비를 다 했어요. 이번에는 조금 더 크게 마리아를 불렀어요. "마리아, 주방으로 와서 나를 좀 도와줘. 같이 해야할 일이 있어!"

마리아는 여전히 움직이지 않았어요.

마르다는 예수님과 마리아가 이야기하고 있는 거실로 나왔어요. 그녀는 불만이 가득했어요.

"이건 불공평해요, 예수님! 저 혼자 일하고 있는 데 왜 신경쓰지 않으시죠? 마리아가 저를 도와주지 않고 있어요. 그녀에게 저를 좀 도우라고 말해주세요!"

"마르다야, 마르다야." 예수님이 말씀하셨어요. "마리아가 나와 시간을 보내는 동안 너는 너무 바쁘구나. 너도 내 옆에 앉아서 함께 시간을 보내자."

수업 8

비폭력 연습하기

하나님의 평화실천가가 되려면 비폭력을 연습하는 것이 중요합니다. 사무엘서 25장 1–35절에서 아비가일은 남편 나발과 다윗 사이의 갈등을 알게 됩니다. 그녀는 재빨리 다윗을 위해 풍성한 음식을 준비하고 그에게 남편의 행동에 대해 사죄합니다. 그녀의 지혜는 다윗이 분노에 휩싸여 나발을 죽이는 것을 막을 수 있었습니다. 이 수업은 갈등을 해결하기 위한 비폭력적인 방법을 찾도록 우리들을 초대합니다.

성경본문

사무엘서 25장 1–35절

믿음의 도전

우리는 비폭력적인 대응 방식을 찾을 수 있어요.

수업을 위한 사전준비

- 전체 내용을 읽어보고 무엇을 할지 계획합니다.
- 다양한 활동을 위한 공간을 준비합니다.
- 신호등을 설치하고 색칠된 원을 사용할 수 있게 준비합니다. (수업5)
- 성경이야기를 잘 들려주도록 미리 익혀 둡니다. (80쪽)
- 하기로 결정한 활동에 필요한 물건을 모으십시오.
- 간식을 준비합니다.(17쪽)

하나가 되어요

1. 일찍 도착한 어린이들을 위한 활동을 계획합니다. 10쪽을 확인해 보세요.
2. 어린이들을 환영해주고, 모여서 노래를 부릅니다.(13쪽). 반드시 율동이 있는 노래, 친근한 노래, 어린이들이 좋아하는 노래, 그리고 평화의 노래가 들어가야 합니다.

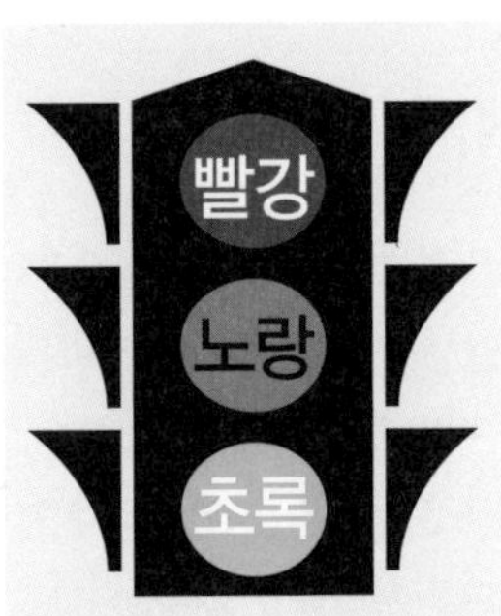

빨강 : 멈추고 생각하세요
노랑 : 듣고 말하세요
초록 : 함께 문제를 풀어 보세요.

갈등을 피하는 방법

- 기도
- 자리 벗어나기
- 어른의 도움을 요청하기
- 잠시 멈추기
- 목소리 낮추기
- 대화 시도하기
- 호루라기 불기
- 생각지 못한 방법 사용하기(갑자기 웃기)
- 사과하기
- 의견 절충하기
- 평화의 선물 주기
- 선택사항들을 제안하기
- 다른 무엇인가를 하기
- 유머를 사용하기

평화를 말해요.

1. 주제곡이나 간단한 기도로 시작합니다.
2. 그 날의 주제에 대해서 설명합니다. : 어린이는 갈등에 대해 비폭력으로 대응함으로써 평화를 만들 수 있습니다.
3. 사무엘서 25장 1-35절(80쪽)을 기초로 만들어진 "아비가일이 전쟁을 막았어요."를 들려 줍니다. 성경에 그 이야기가 있다고 언급합니다.
4. 평화에 대해 이야기합니다.
   - 신호등을 활동을 이용해 이 이야기를 생각해봅니다. 빨간불 : 무엇이 문제일까? 노란불: 나발/아비가일/다윗은 무슨 선택을 할 수 있었나요? 초록불 : 어떤 결정을 내렸나요? 좋은 선택이었나요?
   - 이 이야기는 평화로운 행동이 어떻게 폭력을 막을 수 있는 지 보여줍니다. 폭력적인 말과 행동으로 반응하지 않는 것은 대부분의 사람과는 반대되는 태도입니다.
5. 신호등 활동:
   - 신호등 활동을 통해 좀 더 평화로운 문제 해결을 연습합니다.

   예)

   a. 다른 어린이에게 상처를 주는 말, 행동을 하는 친구와의 갈등
   b. 장난감, 옷, 전자기기 등을 차지하기 위한 논쟁, 다툼
   c. 어린이에게 자신이 실제로 경험한 갈등상황을 물어봅니다.
6. 갈등을 해결하는 다양한 방식에 대해서 이야기해봅니다. 하나님의 방법은 평화의 방법이라는 것을 어린이에게 짚어줍니다. 평화실천가는 다투거나 깍아내리거나, 무시하거나, 어떤식으로든 상처주지 않고 갈등을 해결할 수 있습니다.
7. "갈등을 피하기 위한 방법"이 실제상황에서 어떻게 표현될 수 있을지 어린이에게 예를 들어보게 합니다.
8. 어린이들이 아비가일처럼 갈등을 마주했을 때 평화실천가가 되어 지혜를 사용할 수 있도록 기도합니다.

몸으로 표현해요(만들기)

평화지팡이(개인활동)

어린이들이 자신의 집에서 평화와 비폭력을 약속하는 상징으로 사용할 평화지팡이를 만듭니다.

재료 : 나무 막대, 사포, 우드 버닝펜, 유성매직, 목제방부제

- 5×5 cm의 나무 막대를 30cm 길이로 잘라 준비하십시오.
- 어린이들에게 나무 막대의 모서리와 옆면이 부드러워 질때까지 사포질을 하게 합니다.
- 우드 버닝펜이나 유성 매직을 사용해서 평화의 메시지나 상징들을 옆면을 따라 적도록 합니다. 제안 : 나는 평화를 만들 수 있다. 평화에 대해 긍정하기, 평화를 위해 기도하기, 평화를 위해 살기, 평화 규칙들, 평화! 살아내자 등등
- 평화지팡이는 정원에 놓거나 화분에 꽂을 수 있습니다. 목제방부제를 뿌려 습기로부터 나무를 보호합니다.

변신하는 칼

종이 칼을 천막집, 물고기, 비둘기나 창의적인 무언가로 접어 새로운 아이탬을 만듭니다.

평화의 포스터(개인 혹은 그룹활동)

앞에 나온 "갈등을 피할 수 있는 방법"을 사용해서 포스터를 만듭니다.

재료 : 포스터 용지나 천, "갈등을 피하는 방법"(76쪽), 매직이나 천에 쓰는 펜, 맞춤못, 실

- 창의력을 발휘해서 종이나 천 위에 매직으로 목록을 적습니다.
- 어린이에게 접착제를 주거나 종이, 천의 경계선을 박음질하여 맞춤못이 박힐 수 있도록 합니다.
- 포스터를 걸 수 있게 포스터 끝부분에 실을 묶어줍니다.

평화의 선물(그룹활동)

아비가일은 폭력적인 분쟁을 막기 위해 환대의 선물을 사용했습니다. 그녀는 잠재적인 적에게 음식을 대접하였습니다.

재료 : 씨리얼, 건포도, 프레즐, 초콜릿 조각 혹은 다른 세트 물품, 비닐봉지와 빵끈 혹은 지퍼백, 그릇, 스푼. 선택사항: 포스트잇, 연필

- 어린이들이 간식 재료들을 큰 그릇 안에 섞게 합니다.
- 스쿱을 주고 봉지에 나누어 담도록 합니다.
- 평화의 선물인 간식 봉지를 누구에게 줄 지를 결정합니다.
- 평화의 선물을 받는 이유를 적은 포스트잇을 함께 넣습니다.

돌맹이 수프(그룹활동)

재료: 탕 솥, 난로, "STONE SOUP" 책에 적혀있는 음식

- 『돌멩이 스프』(마샤 브라운 글 그림, 고정아 옮김, 시공주니어)를 읽습니다.
- 책에 나오는 음식재료들을 준비합니다. 레시피에 나오는대로 재료를 냄비에 넣습니다.
- 수프를 만들고 수업 마지막에 조금씩 시식하게 합니다.

몸으로 표현해요(움직이기)

단체 공놀이

- 활동공간을 정하고 두 개의 팀으로 나눕니다.
- 목표는 공을 팀원끼리 계속 전달하여 상대 팀의 '엔드 존(구역의 끝부분)'에 이동시키는 것입니다.
- 공을 가지고 있는 사람은 그 자리에서 절대 움직일 수 없습니다. 공을 들지 않은 사람만 움직여서 패스받을 준비를 할 수 있습니다.
- 공이 없는 팀은 방어를 하거나, 패스를 가로채거나, 자기 팀으로 공을 되찾아옵니다.

평화 끌어당기기

- 길고 튼튼한 줄을 묶어 단단한 원을 만듭니다.
- 어린이들이 원 주변에 앉아 두 손으로 줄을 잡게 합니다.
- 그룹의 목표는 줄을 단단히 잡아당기면서 일어나는 것입니다. 만일 누군가가 실패한다면 다시 시작합니다.
- 셋을 세고 "시작"을 외칩니다.

반대로 해보는 모노폴리

- 보드게임 '모노폴리'를 사용하되, 규칙을 바꿔 경제적 가치가 거꾸로 되게 합니다. 플레이어가 출발점을 지날 때는 200달러를 냅니다. 누군가가 땅에 도착하면 그 땅의 주인은 그 땅 카드에 적힌 값을 냅니다. 돈을 낼 때마다, 돈을 받습니다. 돈을 받아야 할 때마다 돈을 냅니다.
- 다음 질문들을 하고 소감을 듣습니다. "당신은 이러한 규칙에 대해서 어떻게 생각하나요? 이 방식으로 게임을 하는게 더 재미있었나요? 아니면 재미가 더 없나요? 이 게임을 하는 것은 오늘의 주제를 생각하는 데 어떤 도움을 주나요?"

선택사항 : 다른 게임을 해보되 역시 규칙을 반대로 적용합니다.

상황극

- 어린이들에게 갈등은 가족, 학교, 친구들 사이에서 발생한다는 것을 짚어줍니다. 갈등은 삶의 한 부분입니다. 중요한 것은 갈등이 발생했을 때 우리가 이것을 어떻게 다루느냐입니다.
- 신호등을 사용해 어린이들이 말한 상황 내의 문제 해결을 연습합니다.
- 창조적이고 평화로운 해결 방법을 찾는 것에 대한 스킷 드라마를 만들어 문제를 해결합니다.
- 소품들을 제공하고 필요하면 스킷드라마를 발표할 수 있는 시간을 줍니다.

성경이야기 –"아비가일이 전쟁을 막았어요." 사무엘상 25:1–35

나발과 그의 아내 아비가일은 부유한 농부였어요. 그들은 삼천 마리의 양과 천 마리의 염소를 키우고 있었어요. 아비가일은 똑똑하고 아름다운 여자였어요. 나발은 논쟁과 싸움을 좋아하는 비열한 사람이었구요.

군대의 통솔자인 다윗은 나발, 아비가일의 집 근처 시골에 숨었어요. 다윗은 음식과 생필품이 없어서 병사 몇 명을 나발의 집에 보내 음식을 구하려고 했어요.

다윗의 병사들은 나발에게 말했어요, "우리는 당신의 양치는 하인들을 거친 야생에서 보호해주었습니다. 이제 당신이 우리를 도와줄 차례입니다. 부디 너그럽게 당신의 음식을 우리에게 나눠주십시오."

나발은 발끈하였어요. "당신들은 누구요? 내가 왜 빵과 물을 알지 못하는 사람에게 줘야한단 말이요?" 하고 고함쳤어요.

병사들이 나발의 대답을 다윗에게 보고하자, 다윗은 화가 났어요. 나발이 자신의 요청을 거부했기 때문에요.

"우리가 그를 도와줬으니, 그도 우리를 도와줘야 해!" 다윗은 화가 나서 소리쳤어요. 그는 나발에게 복수하기로 결정했어요. 그는 나발과 싸우려고 사백 명의 병사들을 불러모았어요.

아비가일은 나발과 싸우려는 다윗의 계획을 듣게 됐어요. 그녀는 어느 누구도 죽기를 원치 않았기에, 재빨리 영리한 계획을 세웠어요. 그녀의 계획은 나발이 알지 못하도록 종들을 시켜 많은 음식을 준비하게 했어요. 빵 200덩어리, 약간의 포도주, 요리할 수 있는 양 5마리, 100개의 건포도 뭉치, 그리고 200개의 무화가 케이크를요.

그리고나서 그녀는 다윗과 그의 군사가 먹기에 충분한 음식과 함께 하인을 먼저 보냈어요. 그녀는 나귀를 타고 그 뒤를 따라갔어요. 나발에게는 무엇을 하러 어디에 가는지 말하지 않았어요.

아비가일은 다윗을 보자, 나귀에서 내려 말하였어요. "다윗왕이여. 저를 탓하십시오. 당신의 병사가 와서 나발의 음식을 요청했다는 것을 제가 듣지 못했습니다. 당신의 분노가 싸움으로 바뀌지 않게 해주십시오. 대신, 나발의 이기적인 행동에 대한 사과로 이 음식을 받아주십시오."

다윗은 대답했어요. "하나님의 축복이 있기를 바랍니다. 그리고 당신의 훌륭한 지혜를 축복하시기를 바랍니다. 아비가일, 하나님이 살인을 막기 위해 당신을 보내주셨습니다. 당신과 나 모두를 보호해주신 하나님께 영광을."

다윗은 아비가일의 선물을 받고 말했어요. "평안히 집으로 돌아가십시오. 내가 당신의 말을 들었고 당신의 요청대로 하겠습니다."

마무리 파티

평화의 영웅되기

오랫동안, 모든 세대의 사람들은 평화를 가져옴으로써 변화를 만들어 왔습니다. 이러한 사람들은 우리의 가족 안에서, 학교 안에서, 이웃들과의 사이에서, 그리고 세계 속에서, 우리가 변화를 만들어 낼 수 있다는 희망을 줍니다. 이 수업은 정의로운 행동을 하고, 자비를 사랑하면서, 겸손히 하나님과 동행하면서 평화의 영웅들이 되도록 우리를 초대합니다.

성경본문

미가서 6장 8절

믿음의 도전

우리는 모두 평화의 영웅이 될 수 있어요.

이 수업에 대해서

마무리 파티는 부모님과 친구들에게 진행자와 다른 어린이들을 만날 수 있는 기회입니다. 이것은 또한 새로운 사람들을 신앙 공동체의 한 부분으로 초대할 좋은 기회입니다. 무엇보다, 마지막 수업은 모든 사람에게 자신이 무엇을 배웠는지 기념할 수 있는 기회를 줍니다. 이 수업은 어린이와 선생님, 가족, 친구가 아는 비공식적인 파티를 의미합니다.

수업을 위한 사전준비

- 전체 수업을 읽어보고 무엇을 할지 결정합니다.
- 다양한 활동을 위한 공간을 준비합니다.
- 평화의 영웅에 대한 이야기를 읽어주거나 들려 수 있는 손님들을 초대합니다.
- "__이 름__ 는(은) 평화의 영웅입니다"라는 이름표를 만들어 줍니다.
- 어린이들에게 줄 리본이나 펜던트를 만들거나 구입합니다.(선택사항)
- 계획한 활동에 필요한 물품들을 준비합니다.
- 간식을 준비합니다.(17쪽)

하나가 되어요

1. 손님과 어린이들을 환영합니다. 모두가 이름표를 달 수 있도록 배려합니다.
2. 함께 모여 오래합니다. 그동안 배우거나 불렀던 것 중에 좋아하는 노래를 부릅니다.

평화를 말해요.

1. 주제곡이나 간단한 기도로 시작합니다.
2. 그 날의 주제에 대해서 설명합니다.: 우리가 있는 곳 어디서나 하나님의 평화의 영웅이 될 수 있음을 축하합니다.
3. 이 과정을 통해 배운 것들을 반복해서 되짚어줍니다.
4. 미가서 6장 8절을 기초로 한 성경이야기를 소개합니다.

   악을 극복하고 나쁜 사람과 싸우거나 특별한 일을 하는 여러 영웅과 사람들 이야기가 있습니다.

   - 실제 또는 가상의 영웅의 이름을 초대합니다 . 무엇이 그들을 영웅으로 만들었습니까?
   - 평화의 영웅을 어떻게 생각하십니까? 아이들이 알고 있는 사람을 초대하고 왜 그들이 평화의 영웅인지 이유를 짧게 언급해 주십시오.
5. 미가서를 펼치십시오. 영웅에 대한 하나님의 생각이 그들이 예상하는 것과 다른점에 대해서 말하십시오.

   "너 사람아, 무엇이 착한 일인지를 주님께서 이미 말씀하셨다. 주님께서 너에게 요구하시는 것이 무엇인지도 이미 말씀하셨다. 오로지 공의를 실천하며 인자를 사랑하며 겸손히 네 하나님과 함께 행하는 것이 아니냐!"
6. 평화에 대해 이야기합니다.
   - 하나님께서 요구하신 '공의, 친절, 겸손'이라는 세가지 관점을 가진 이야기를 들려줍니다.(평화책 목록 86-88쪽을 참고하세요)
   - 들려줄 이야기가 없다면 기독교 잡기나 인터넷에서 이야기를 찾습니다. 『평화는 어디에서 오나요』와 『평화의 발걸음』은 평화를 담은 좋은 책입니다.(평화책 목록 86-88쪽을 참고하세요)
   - 평화의 영웅은 매일 그렇게 살아가는 것이라고 알려주세요. 우리는 나이나 사는 곳에 상관없이 선한 일을 할 수 있고 친절을 베풀 수 있으며 다른 사람을 돌볼 수 있습니다. 어린이와 어른에게 평화의 영웅이 되려면 어떤 일을 실천해야 하는 지 생각할 시간을 줍니다. 어린이에게 일어서서 자신의 의견을 발표할 수 있게 합니다. 모두에게 리본을 나눠주고 "(이 름), 너는 위대한 평화의 영웅이 될 거야!"라고 말합니다.
   - 이 세상에서 긍정적인 변화를 가져올 수 있는 방법을 찾을 수 있게 해달라고 기도합니다. 왜냐하면 이것이 평화의 영웅이 되는 길이기 때문입니다.

평가

여러분의 의견을 말해주세요

■ 소 속 :

■ 이름(선택) : ■ 이메일 :

■ 주 소 :

■ 국 가 : ■ 도 시 :

1. 수업 요소들과 관련한 의견.
   (믿음의 도전, 만들기, 움직이기, 기타 등등)

2. 프로그램의 적용과 관련한 의견.
   (배분 시간, 수업의 흐름, 알기 쉬운 팁 등)

3. 가장 좋아하는 게임은 무엇이었습니까. (좋은 점과 조언 등)

   가장 의미있는 게임은 무엇이었습니까. (좋은 점과 조언 등)

4. 추가적인 의견:

다함께 간식

한국의 평화기관들

어린이어깨동무 www.okfriend.org
한반도 평화읽기, 평화기행, 평화캠페인 등의 활동을 통해 한반도 동아시아의 어린이들이 갈등과 차별을 극복하고 이해와 존중, 나눔과 돌봄을 실천하는 어른으로 성장할 수 있도록 평화지킴이, 평화이음이, 평화열음이 등 피스 리더를 양성하고 학교평화통일교육을 하고 있다..

평화교육 프로젝트 모모 www.peacemomo.org
'모두가 모두로부터 배운다'라는 가치 아래 평화 페다고지를 기반으로 하는 비판적이고 창의적인 평화교육프로그램을 운영하며 특히 교사와 교육활동가 교육 프로그램으로 평화교육자를 양성하고 있다.

한국평화교육훈련원 www.kopi.or.kr
평화형성 전문기관으로 사회 곳곳에 평화의 담론과 방법이 뿌리 내릴 수 있도록 도우며 평화와 정의에 대한 다양한 주제를 교육하고 훈련시킨다.

평화박물관 www.peacemuseum.or.kr
베트남 전쟁 때 한국군이 베트남 민간인 학살에 대한 사죄운동으로 출발했으며 '고통 기억 연대'를 지향하며, 우리 사회에 평화감수성과 평화문화 확산을 위한 활동을 벌이고 있다.

나눔문화 www.nanum.com
물신의 세계화와 무한경쟁이 삶을 불안에 떨게하는 시대에 나눔을 통해 지구의 생태 재앙, 양극화, 전쟁, 기아질병, 영혼 상실 등의 위기를 극복하 려는 비영리 사회운동단체이다. 나누는 학교, 나눔문화포럼, 글로벌평화나눔, 평화나눔아카데미 등 다양한 사업을 펼치고 있다.

비폭력평화물결 www.peacewave.net
비폭력 평화에 대한 교육을 감당하며. 평화 감수성교육, 청소년 평화지킴이 진행자 양성 워크숍, 삶을 변화시키는 평화훈련, 회복적 생활지도 및 조정, 서클 프로세스, 또래조정 워크숍, 비폭력대화 등 다양한 활동을 하고 있다.

반전평화연대 www.antiwar-korea.org
2009년 한국진보연대와 다함께, 경계를넘어, 평화재향군인회 등 21개 단체가 참여하여 구성한 단체이다.

참여연대 평화군축센터 www.peoplepower21.org
국방외교정책 감시, 군비축소, 평화문화 확산 등 한반도 전쟁 위기 해소와 평화체제 구축을 위해 활동하고 있다. 한반도/동북아의 비핵화와 시민이 참여하는 한반도 평화체제, 국방예산 삭감과 군구조개혁, 시민 평화활동가 만들기 등의 사업을 하고 있다.

팔레스타인평화연대 www.pal.or.kr
팔레스타인 민중이 자유를 되찾고 평화롭게 살기를 바라는 사람들과 중동지역의 문제에 관심 있는 사람들이 자발적으로 만든 단체이다.

비폭력에 대한 가족 서약서

평화의 실천은 우리 자신과 가족 안에서 시작되어야 합니다. 가족 구성원인 우리 각자는 하나님이 사랑하시는 _______ 가족의 구성원으로써 자신을 비폭력과 평화의 사람이 되도록 헌신할 것을 약속합니다.

우리는 자신과 다른 사람들을 존중한다.
우리는 자신을 존중하며, 다른 사람들을 존중하고,
무책임한 비판과 공격적인 말을 삼가하며, 물리적 공격과 자기 파괴적 행동을 피한다.

우리는 더욱 더 나은 방식으로 소통한다.
나의 느낌과 감정을 정직하게 나누며, 안전한 방식으로 분노를 표출하며,
평화롭게 문제를 해결하도록 한다.

경청한다.
서로의 의견, 특히 자신의 의견에 동의하지 않는 사람의 의견을 주의 깊게 듣고,
내 방식을 고집하기 보다는 다른 사람들의 감정과 필요를 주의 깊게 생각한다.

용서한다.
내가 다른 사람에게 상처를 주었을 때, 사과하고 이를 고치며,
다른 사람들을 용서하고 원한을 품지 않는다.

자연을 존중한다.
가축, 애완동물을 포함한 모든 생물과 환경을 돌보며 존중하는 마음을 갖는다.

창조적으로 논다.
우리 가족의 가치에 알맞은 놀이와 장난감을 선택하며,
흥미와 재미 위주의 폭력적인 오락은 삼간다.

용기를 가진다.
가정, 학교, 일터 혹은 지역사회 어디서든지 우리가 만나는 어떤 폭력에 대하여
과감하게 도전하며, 불공평하게 대우받는 사람들과 함께 설수 있는 용기를 갖는다.

이것은 우리의 서약입니다. 이것은 우리의 목표입니다. 우리는 우리가 서약한 내용을 앞으로 1년 동안 매달 _____일에 함께 모여 점검함으로써 더욱 더 평화로운 사람들이 되도록 서로에게 도움을 주기로 서약합니다.

서명인 ____________________ ____________________

____________________ ____________________

“폭력 제거, 한 가정씩, 우리부터 시작하자”

어린이 청소년 평화책 모음

『6학년 1반 구덕천』, 허은순 글, 곽정우 그림, 현암사

『20년간의 수요일』, 윤미향 글, 웅진주니어

『26년, 강풀 글 그림』, 재미주의

『가시내, 김장성 글』, 이수진 그림, 사계절

『갈 테야 목사님』, 조은수 글 그림, 웅진주니어

『거짓말 같은 이야기』, 강경수 글 그림, 시공주니어

『거짓말이 가득』, 오카슈조 글, 노석미 그림, 고향옥 옮김, 창비

『고양이 학교』, 김진경 글, 김재홍 그림, 문학동네어린이

『곰의 아이들』, 류화선 글, 이윤희 그림, 문학동네어린이

『곰이와 오푼돌이 아저씨』, 권정생 글, 이담 그림, 보리

『국경 없는 마을』, 박채란 글, 한성원 그림, 서해문집

『굿모닝 버마』, 기 들릴 글, 소민영 옮김, 서해문집

『기분』, 다니카와 순타로 글, 초 신타 그림, 엄혜숙 옮김, 한림

『까매서 안 더워』, 박채란 글, 이상권 그림, 파란자전거

『꽃할머니』, 권윤덕 글 그림, 사계절

『나는 곰입니다』, 장 프랑수아 뒤몽 글 그림, 이주희 옮김, 봄봄

『나는 빠리의 택시운전사』, 홍세화 글, 창비

『난 그것만 생각해』, 카림 르수니 드미뉴 글, 곽이경 해제, 조승연 그림, 김혜영 옮김, 검둥소

『낫짱이 간다』, 김송이 글, 홍영우 그림, 보리

『내 가족과 다른 가족들』, 베라 티멘츠 글, 이경아 옮김, 꼬마이실

『내 목소리가 들리나요?』, 다시마 세이조 글 그림, 황진희 옮김, 사계절

『내 이름은 욤비』, 욤비 토나, 박진숙 글, 이후

『내 이름은 이순덕』, 공진하 글, 최정인 그림, 낮은산

『내 탓이 아니야』, 레이프 크리스티안손 글, 딕 스텐베리 그림, 김상열 옮김, 고래이야기

『내가 살던 용산』, 유승하 외, 보리

『넌 정말 멋져』, 미야니시 타츠야 글 그림, 허경실 옮김, 달리

『누구라도 친구』, 신자와 도시히코 글, 아베 히로시 그림, 유문조 옮김, 문학동네어린이

『달 샤베트』, 백희나 글 그림, 스토리보울

『달라도 친구』, 허은미 글, 정현지 그림, 웅진주니어

『대추리 아이들』, 김정희 글, 홍정선 그림, 사계절

『더 커다란 대포를』, 후타미 마사나오 글그림, 김현주 옮김, 한림

『돌고래 파치노』, 정도상 글, 오윤화 그림, 문학동네어린이

『둥근 해가 떴습니다』, 장경혜 글, 문학동네어린이

『둥지 상자』, 김황 글, 이승원 그림, 한솔수북

『딸꾹질』, 김고은 글 그림, 아지북스

『뚝딱뚝딱 인권짓기 1,2』, 인권교육센터 들 글, 윤정주 그림, 책읽는곰

『로봇의 별 1~3』, 이현 글, 오승민 그림, 푸른숲주니어

『리언이야기』, 리언 월터 틸리- 수잔 엘 로스 글, 배경내 옮김, 바람의아이들

『마이 볼』, 유준재 글 그림, 문학동네어린이

『말의 알을 찾아』, 비쁘러다스 버루아 글, 하셈 칸 그림, 로이 알록 꾸마르 옮김, 보림

『맨홀장군 한새 1, 2』, 김우경 글, 오승민 그림, 문학과지성사

『먼지없는 방』, 김성희 글, 보리

『명애와 다래』, 이형진 글 그림, 느림보

『무기 팔지 마세요』, 위기철 글, 이희재 그림, 청년사

『무에타이 할아버지와 태권 손자』, 김리라 글, 김유대 그림, 웅진주니어

『물과 숲과 공기』, 몰리 뱅 글 그림, 최순희 옮김, 마루벌

『반짝이는 물을 보았니?』, 조은수 글 그림, 창비

『밥데기 죽데기』, 권정생 글, 박지훈 그림, 바오로딸

『방관자』, 제임스 프렐러 글, 김상우 옮김, 미래인

『배고픔 없는 세상』, 프랑수아 데이비드 글, 올리비에 티에보 그림, 전미역 옮김, 단비어린이

『별이 되고 싶어』, 이민희 글, 창비

『봉주르 뚜르』, 한윤섭 글, 김진화 그림, 문학동네어린이

『불편해도 괜찮아』, 김두식, 창비

『블루시아의 가위바위보』, 박관희 김중미 등 글, 윤정주 그림, 창비

『비무장 지대에 봄이 오면』, 이억배 글, 사계절

『빨리빨리라고 말하지 마세요』, 마스다 미리 글, 히라사와 잇페이 그림, 김난주 옮김, 뜨인돌어린이

『빵과 장미』, 캐서린 패터슨 글, 우달임 옮김, 문학동네

『빼앗긴 내일』, 즐라타 필리포빅 글, 멜라니 첼린저 엮음, 정미영 옮김, 한겨레아이들

『새끼 표범』, 강무홍 글, 오승민 그림, 웅진주니어

『생태요괴전』, 우석훈 글, 개마고원

『서로를 보다』, 윤여림 글, 이유정 그림, 낮은산

『세계의 인사법』, 초오 신타, 초 신타 글, 김창원 옮김, 진선출판사

『세상에서 가장 힘이 센 말』, 이현정 글, 박재현 그림, 맹&앵

『세탁소 아저씨의 꿈』, 엄혜숙 글, 이광익 그림, 웅진주니어

『소금꽃나무, 김진숙 글, 후마니타스

『소년 정찰병』, 월터 딘 마이어스 글, 앤 그리팔코니 그림, 이선오 옮김, 북비

『손톱이 자라날 때』, 방미진 글, 문학동네

『수달이 오던 날』, 김용안 글, 한병호 그림, 시공주니어

『수요일의 괴물』, 다니엘르 시마르 글, 이정주 옮김, 개암나무

『숨쉬는 도시 꾸리찌바』, 안순혜 글, 박혜선 그림, 파란자전거

『신과 함께』, 주호민 글 그림, 애니북스

『아름다운 아이』, R.J.팔라시오 글, 천미나 옮김, 책과콩나무

『아모스 할아버지가 아픈』 날, 필립 C. 스테드 글, 에린 E.스테드 그림, 유병수 옮김, 열린책들

『아직 늦지 않았어요』 노경실, 박상률, 백은하, 박혜숙, 김해등, 최형미 글, 휴먼 어린이

『안 돼!』 데이비드 맥페일 글 그림, 시공주니어

『안돼 삼총사』, 나카야마 치나츠 글, 장지현 옮김, 웅진주니어

『'얘들아, 안녕』 소피 퀴로 글, 장석훈 옮김, 비룡소

『어깨동무』, 손문상, 정후이, 김수박, 조주희, 박철권, 최규석 외 글 그림, 창비

『어떤 느낌일까?』, 나카야마 치나츠 글, 와다 마코토 그림, 자지현 옮김, 보림

『열두 사람 이야기』, 코넬리우스 딕 글, 김복기 옮김, 대장간

『열두 살의 전설』, 고토 류지 글, 박종진 옮김, 우리교육

『열일곱살의 털』, 김해원 글, 사계절

『예수와 예수들』, 사브리나 존스외, 배꽃나래 옮김, 대장간

『오늘도 화났어』, 나카가와 히로타카 글, 하세가와 요시후미 그림, 유문소 옮김, 내인생의책

『오래된 미래 : 라다크로부터 배우다』, 헬레나 노르베리 호지 글, 양희승 옮김, 중앙북스

『왜 세계의 절반은 굶주리는가』, 장 지글러 글, 유영미 옮김, 갈라파고스

『왜?』, 니콜라이 포포프 글, 현암사

『우리 동네에는 아파트가 없다』, 김중미 글, 유동훈 그림, 별천지

『우리누나, 오카 슈조 글, 카미야 신 그림, 김난주 옮김, 웅진주니어

『우리는 아시아에 살아요』, 조지욱 글, 김무연 그림, 웅진주니어

『우리는 친구』, 다니카와 순타로 글, 와다 마코토 그림, 김숙 옮김, 북뱅크

『우리는 학교에 가요』, 황동진 글 그림, 낮은산

『우리는 한가족이야』, 핌 판 헤스트 글, 닌케 탈스마 그림, 정낙선 옮김, 고인돌

『우리들의 7일 전쟁』, 소다 오사무 글, 고향옥 옮김, 양철북

『유진과 유진』, 이금이 글, 푸른책들

『이럴 땐 싫다고 말해요』, 마리 프랑스 보트 글, 파스칼 르메트르 그림, 홍은주 옮김, 문학동네어린이

『이선생의 학교폭력 평정기』, 학생생활연구회, 양철북

『'인권, 교문을 넘다』, 인권교육센터 들, 한겨레에듀

『인종 이야기를 해 볼까?』, 줄리어스 레스터 글, 조소정 옮김, 사계절
『전쟁과 소년』, 윤정모 글, 김종도 그림, 푸른나무
『절대 보지 마세요 절대 듣지 마세요』, 변선진 글 그림, 바람의 아이들
『조커와 나』, 김중미 글, 창비
『좋은 일이 생길 거야』, 로즈앤 통 글, 유진 김 닐란 그림, 김경연 옮김, 노란상상
『주먹을 꼭 써야할까?』, 이남석 글, 사계절
『쥐와 게』, 김중철 글, 김고은 그림, 웅진주니어
『지구가 100명의 마을이라면』, 데이비드 스미스 글, 셸라 암스트롱 그림, 노경실 옮김, 푸른숲주니어
『지구는 내가 지킬 거야!』, 존 버닝햄 글, 이상희 그림, 비룡소
『지구를 다 먹어버린 날』, 알랭 세르 글, 실비아 보나리 그림, 박희원 옮김, 뜨인돌어린이
『지구를 위한 한 시간』, 박주연 글, 조미자 그림, 한솔수북
『지금은 없는 이야기』, 최규석 글 그림, 사계절
『지독한 장난』, 이경화 글, 대교출판
『지렁이 울음소리를 들어봐!』, 신순재 글, 장경혜 그림, 창비
『짜장 짬뽕 탕수육』, 김영주 글, 고경숙 그림, 재미마주
『찬다 삼촌』, 윤재인 글, 오승민 그림, 느림보
『참 좋다 통일 세상』, 임수경 글, 박재동 그림, 황소걸음
『천사들의 행진』, 강무홍 글, 최혜영 그림, 양철북
『체르노빌 : 금지구역』, 프란시스코 산체스 글, 나타차 부스토스 그림, 김희진 옮김, 현암사
『초가집이 있던 마을』, 권정생 글, 홍성담 그림, 분도출판사
『초록 자전거』, 이상교 글, 오정택 그림, 사파리
『총을 들지 않는 사람들』, 전쟁없는세상 외, 철수와영희
『최기봉을 찾아라』, 김선정 글, 이영림 그림, 푸른책들
『칸평의 개구쟁이 1,2』, 라트 글, 박인하 홍윤표 옮김, 꿈틀
『커스티는 다 알아』, 애널레나 매커피 글, 김서정 옮김, 논장
『태일이 1－5』, 박태옥 글, 최호철 그림, 돌베개
『투발루에게 수영을 가르칠 걸 그랬어』, 유다정 글, 박재현 그림, 미래아이
『트루먼 스쿨 악플 사건』, 도리힐레스타드 버틀러 글, 이도영 옮김, 미래인
『파도』, 토드 스트라써 글, 김재희 옮김, 이프
『파란 티셔츠의 여행』 비르기트 프라더 글, 비르기트 안토니 그림, 엄혜숙 옮김, 담푸스
『페르세폴리스 1－2』, 마르잔 사트라피 글, 새만화책
『평화가 아이들에게 말하다』, 앤 마이어 바일러 글, 김복기 옮김, 대장간
『평화는 어디에서 오나요?』, 구드룬 파우제방 글, 김중철 옮김, 웅진주니어
『평화는 힘이 세다』, 로라 자페 글, 장석훈 옮김, 푸른숲주니어
『평화란 어떤 걸까?』, 하마다 게이꼬 글 그림, 박종진 옮김, 사계절
『평화를 꿈꾸는 도토리나무』, 오카도 다카코 글, 마쓰나가 요시로 그림, 고향옥 옮김, 도토리숲
『평화학교-노벨 평화상 수상자와 함께 하는』, 이반 수반체프, 돈 기퍼드 엥글 글, 이순미 옮김, 다른
『하나님과 함께 하는 평화의 발걸음』, 잉그리드 헤스,글 그림, 곽노경 옮김, 대장간
『하느님 물건을 파는 참새』, 이오덕 시, 김용철 그림, 고인돌
『하늘이네 커다란 식탁』, 니시하라 게이지 글, 고향옥 옮김, 한울림어린이
『하이퐁 세탁소』, 원유순 글, 백승민 그림, 아이앤북
『한홍구와 함께 걷다』, 한홍구 글, 검둥소
『함께 걷는 길』, 김서정 글, 한성옥 그림, 웅진주니어
『핵폭발 뒤 최후의 아이』, 구드룬 파우제방 글, 최혜란 그림, 함미라 옮김, 보물창고
『황금 사과』, 송희진 글, 이경혜 옮김, 뜨인돌어린이